당신의 모든 날,
모든 순간에 늘 함께 하겠습니다.

" 저의 그림은 가장 아름다운 순간이 아닌
가장 평범한 변동의 포착 입니다.
우란한 또는 아주 평범한 오늘이 모두에게
따라다이스일 꿈꿉니다. "

사랑하수로 마시하수로 맑은데   천 지안 드림
인생을 빌반다.

사랑할 수도
미워할 수도
없을 때
인생은 빛난다

사랑할 수도
미워할 수도
없을 때
인생은 빛난다

초판	2021년 7월 28일 1쇄 발행
글	김종원
그림	권지안
펴낸이	임창섭
편집인	홍승록
펴낸곳	와우라이프
디자인	꿈지락
출판등록	2009년 12월 8일 제406-2009-000095호
주소	경기도 파주시 송화로 13, 122동 19층 1901호
전화	031-941-9301
팩스	031-941-9302
마케팅	010-3013-4997
이메일	limca1972@hanmail.net
ISBN	979-11-87847-10-6 03810

책값은 표지 뒤쪽에 있습니다.
파본은 구입하신 서점에서 교환해드립니다.

사랑할 수도
미워할 수도
없을 때
인생은 빛난다

글 김종원 | 그림 권지안

와우라이프

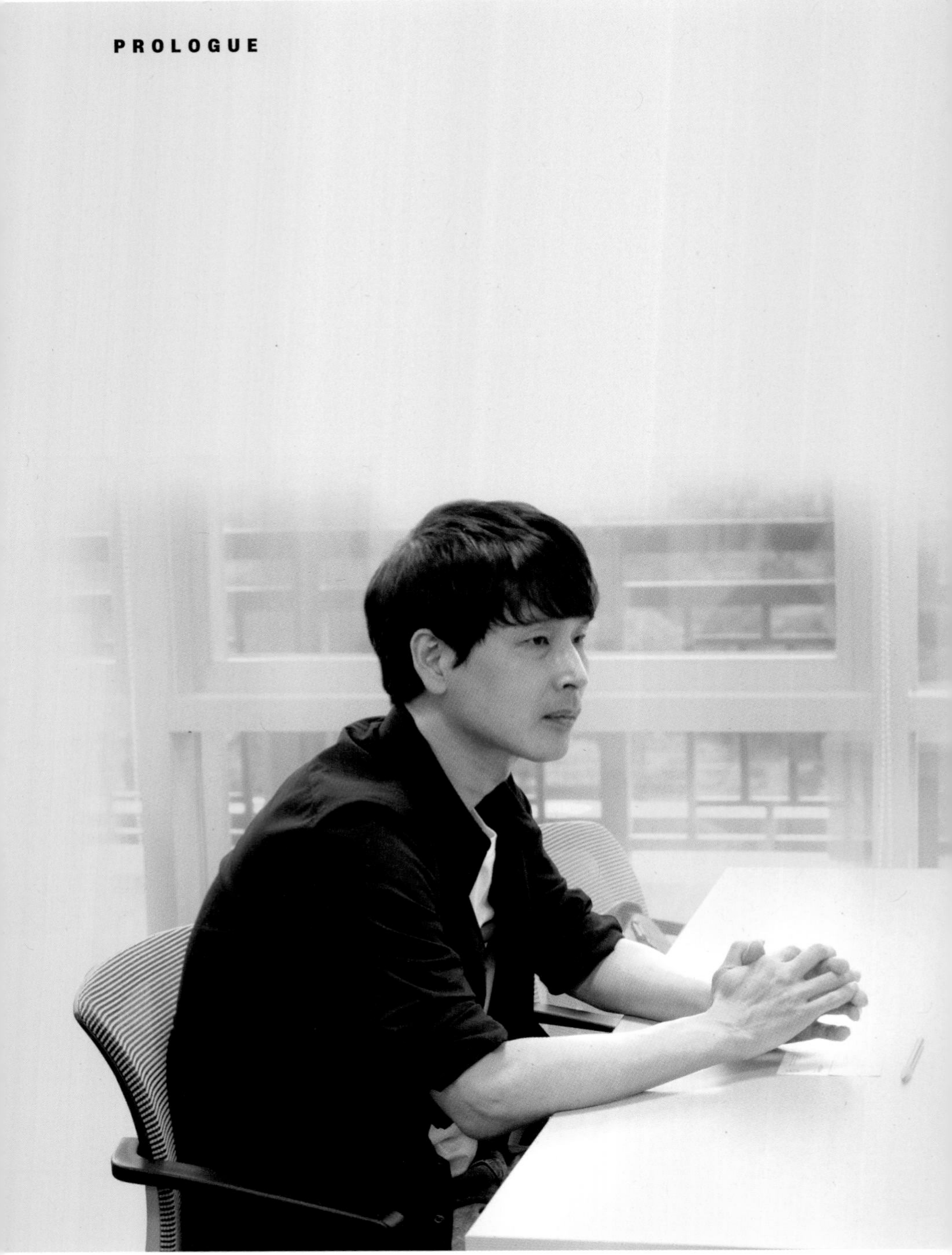

다가가는 마음 - 네가 있어 나도 빛났다

지금처럼 살고 싶은 것도 아닌데, 그렇다고 딱히 희망이 보이지도 않을 때가 있습니다. 살다보면 현재도 미래도 마음처럼 되지 않는 순간을 우리는 결국 만나게 됩니다. 그러나 돌이켜 생각해보면 그때 우리는 가장 아름다웠습니다. 태양 앞에서도 빛났고, 어두운 하늘 아래서도 혼자 작은 별이 되어 주변을 빛내고 있었습니다. 결국 가장 힘들었던 순간은, 빛나는 별이 되기 위한 찬란한 과정이었습니다.

이 글을 읽는 모든 그대를 생각하면 나는 싱싱한 바람이 보입니다. 표현이 어떤가요? 긴말 굳이 전하지 않아도 바람만 불어도 나는 알고 있습니다. 미리 알아듣고, 여기에서 힘들고 지친 당신을 기다리며 서 있습니다. 우리가 세상을 어떤 시선으로 바라보든 세상은 언제나 밝은 면과 어두운 면이 공존합니다.

당신께 세상에서 가장 밝은 면만 담아 전하려고 합니다. 편지만 보면 열고 싶어지죠. 세상에 존재하는 가장 귀한 것들만 여기에 담아 마음으로 봉했습니다. 필요할 때 열어서 그대, 마음에 담아 가세요.

김종원

"아빠 꽃이 왜 좋아?"라고 물으니
"꽃은 항상 그 자리에 있잖아."

변하는 세상 속에서 변하지 않는 것도 있다는 걸
새삼 깨달은 날의 대화였습니다.

'보통의 일상에 감사했던 적이 언제였는지,
항상 존재하는 일상이라 더 소중함을 몰랐던 건 아닌지…'

권지안

CONTENTS

프롤로그 다가가는 마음 —네가 있어 나도 빛났다 _04

1 사랑할 수도 미워할 수도 없을 때 _11

2 언젠가 너를 잊은 적이 있다 _41

3 예쁘게 말하고, 예쁘게 행복하기 _63

4 내가 너의 무게를 견딜 수 없을 때 _85

5   당신이라는 우주 _105

6   저 사람을 봐 _129

7   나는 당신에게서 완벽히 잊히기를 바랍니다 _151

에필로그   함께 있는 마음 ― 우리는 세상에 없는 계절이다 _182

1

사랑할 수도
미워할 수도
없을 때

우리 인생을 과연 어떻게 표현할 수 있을까요? 각자 느낌도 생각도 다르겠지요. 저는 이렇게 생각합니다.

'아무리 해감을 반복해서 진흙을 뱉어내게 해도 아주 천천히 진흙을 토해내는 조개처럼, 인생은 쉽게 뱉어내는 것이 아니라 견딜 수 없을 정도로 힘들 때까지 버티다가 토해내는 것이다.'

그렇다고 그 과정이 나쁘거나 고통스러운 것이라는 생각은 하지 않습니다. 모든 사람의 인생은 최선을 다해 공들인 결과이기 때문이죠.

조금 더 다가가서 조금 더 이해하며 살아가면 세상이 더 근사해지지 않을까요. 그런 생각을 하니 세상과 사람을 바라보는 관점이 달라졌습니다. 불행하게도 요즘 저는 시력이 많이 떨어졌습니다. 그런데 그게 나쁜 일만은 아니었습니다. 시력이 떨어지니 자꾸만 세상이 더 아름다워집니다. 가까이 다가가서 보게 되니 이해하지 못할 것이 없고 모두가 사랑스럽게 느껴지기 때문입니다.

가까이 다가가 오랫동안 바라보니 작은 개미도 길가에 핀 꽃도, 어쩌면 그렇게 정겨운지 꼭 안아주고 싶습니다. 세상에 문제가 있던 게 아니라, 바라보는 내게 문제가 있었던 겁니다. 싸우지 않고 사랑하며 살아가는 것, 그렇게 어려운 일이 아닙니다. 손이 닿을 만큼 가까이 다가가 눈이 아플 만큼 오랫동안 서로 바라보면, 풀리지 않는 게 없으니까요. 그게 쉽게 되지 않을 땐, 마음속으로 이렇게 속삭여 보세요.

"예쁘다, 예쁘다. 모두 다 예쁘다."

나는 순식간에 눈을 사로잡는
장미처럼 화려한 사람도 좋지만,
차분하게 마음을 사로잡는
안개꽃 같은 사람을 만나고 싶습니다.

눈을 사로잡는 것들은
빠르게 다가와 쉽게 사라지지만,
마음을 사로잡는 것들은
오래오래 남아 삶을 따뜻하게 감싸주니까요.

눈을 사로잡는 사람이 아닌,
마음을 사로잡는 사람을 만나고 싶습니다.
그래요 당신,
당신을 만나고 싶습니다.

나만바라기 Sunflower
80x116.5cm, Acrylic on canvas, 2020

당신은 좋은 사람입니다

좋은 사람은 굳이 같이 있지 않아도
그냥 생각만 해도 좋습니다.
당신도 알고 있나요?
나에게는 바로 당신이 그렇습니다.

사는 곳이 너무나 달라서
비록 몸은 함께 있지는 못해도
당신은 당신 동네에서
나는 내가 살고 있는 동네에서,
서로가 하늘을 향해 미소 지을 수 있다면
우리는 마치 곁에서 서로를 바라보며
따스한 눈빛을 나누는 것처럼 행복해질 겁니다.

가끔 거리에서 스치는 사람들은
아무리 내게 함박웃음을 보여줘도
반가운 마음보다는 어색함이 앞서는데,
당신이 미소 짓는 상상을 하면
그 따스한 온기가 마음 가득 전해져서
나도 모르게 수줍게 미소 짓게 됩니다.

살면서 너무나 힘이 들 때가 있습니다.
그때 누구보다 내게 힘이 되어주는 건
가까이에서 함박웃음을 짓는 그 사람이 아닌,
어디에 있는지도 알 수 없지만
거기에서 내게 미소 지어주는 당신입니다.
힘이 들수록 함께 있고 싶은 사람이
바로 내 소중한 당신입니다.

살아간다는 게 상처와 상처끼리 만나서
그 상처를 부비며 살아가는 거라고 말하지만,
나는 당신과 상처를 나눌 수 있다면
그것마저도 정말 행복할 것 같습니다.
당신의 상처도 당신의 미소를 보듯 사랑하겠습니다.

당신은 참 좋은 사람입니다.
당신은 평생 내 마음에 넣고 다니고 싶은
세상에서 가장 좋은 미소를 가진 사람입니다.

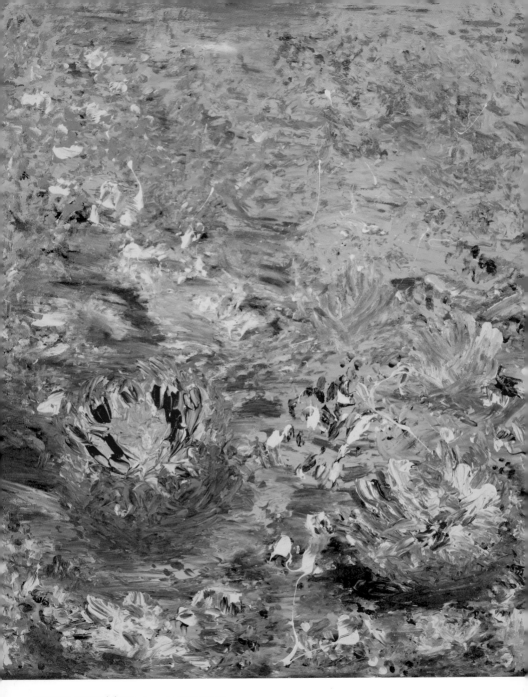

다시 만나는 그날까지 (봄) Till the day we meet again(Spring)

91x72.5cm, Acrylic on canvas, 2020

한 사람을
잊는다는 건

바람이 스쳐가도
머리카락이 흔들리고
파도가 지나가도
바다가 흔들리는데
하물며 당신이 스쳐갔는데
나, 흔들리지 않고 어찌 견디겠습니까?

정녕 당신이 아니라면
흔들리는 나를
누가 붙잡아 주겠습니까?

어쩌자고 그렇게 사랑스런 모습으로
당신은 나를 스쳐 지나가신 겁니까?

더구나 나는,
어쩌자고 당신을 사랑한 겁니까?

도대체 어쩌자고….

우리는
바깥 세계에서
사라진 사람들이다

조용히 따스한 두 손을 꼭 잡고
타오르는 뺨이 맞닿을 정도로 다가가면
내 입술을 바라보며 두 눈을 감는 너,
입술이 닿는 그 순간 이제 우리는
바깥 세계와 다른 공간에 존재한다.
그 세계에서 우리는 이미 사라진 사람들이니까.

너를 조금 더 가까이 휘감기 위해
내 두 팔은 존재하고,
조금씩 떨리는 너의 숨소리를 담기 위해
내 두 눈은 너에게 벗어나지 못한다.
너를 내 눈에 담은 날에는
태양을 봐도 눈이 부시지 않는다.
더 눈부신 너를 내 안에 담았으니까.

훗날 내가 언젠가
이별이 고통이라는 사실을 알게 된다면
그건 모두 네 덕분일 것이다.
너를 사랑할수록 자꾸만 오래 머물고 싶다.
죽기 전까지 이 몸은
나의 것이라고만 생각했는데,
아니, 당신의 것이었다.
당신의 것이다.

누군가를
혼자 사랑한다는
것은

나를 사랑하지 않는 사람을
혼자 사랑한다는 것은
분식집에서 돈가스를 주문한 후
초밥이 나오기를 기다리는 것과 같다.
그토록 원하는 사람을 부를 수도 없고
기다리다가 지치는 것도 모른 채
자꾸만 또 자꾸만 기적을 바라는 일이다.

고백하러 가는 길 On my way to ask out
45.5x38cm, Acrylic on canvas, 2020

당신의 마음을
열고 싶습니다

사랑하는 당신에게 딱히 내세울 것이 없어
늘 불안하고 안절부절못했던 나에게
누군가 하나의 능력을 준다면,
꼭 하나 가지고 싶은 게 있습니다.
그건 바로 당신의 마음을 여는 사랑의 열쇠입니다.

당신 가까이 다가가 내 사랑을 전하고
조용히 당신의 마음을 열고 싶습니다.
다가가고 싶은 내 마음은 급하지만
그렇다고 잘 안 맞아 이리저리 돌려야 하는,
이기심과 욕망이 만든 열쇠는 원하지 않습니다.
당신 마음을 너무 아프게 할 수도 있으니까요.
조금 힘들고 시간은 걸리더라도
한 번에 당신의 마음을 활짝 열 수 있는 열쇠로
내 마음을 당신 마음 곳곳에 전하고 싶습니다.

저는 그렇게 좋은 사람은 아닙니다.
감추고 싶은 못된 습관이나 버릇이 있고
정말 보여주기 부끄러운 부분도 있지만,
이 모든 것을 감당할 수 있는 이유는
내 사랑을 전하고 싶은 그 마음 하나 때문입니다.

가진 것이 없어 딱히 드릴 건 없지만
사람 하나만큼은 열심히 드릴 수 있다는
이 마음이라도 전하고 싶습니다.
"당신의 마음을 열고 싶습니다."

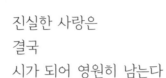

진실한 사랑은
결국
시가 되어 영원히 남는다

대낮에 독일의 거리를 걷다가, 문득 부부로 보이는 두 사람을 유심히 지켜보게 되었습니다. 시선이 멈출 수밖에 없을 정도로 두 사람의 움직임이 매우 느렸기 때문이었습니다. 남자는 여자의 부축을 받으며 걷고 있었고, 앞이 보이지 않는 듯 가끔 손으로 허공을 가르며 주변 공간을 확인했습니다.

여자의 사랑이 "두 눈이 보이지 않는 남편을 따뜻하게 감싸고 있구나."라는 마음이 절로 드는 풍경이었습니다. 그러나 그게 전부가 아니라는 사실을 우연히 함께 들어간 식당에서 알게 되었습니다. 남편을 조심스럽게 의자에 먼저 앉힌 후 자신의 의자를 찾던 여자의 손도 허공을 가르고 있었기 때문입니다.

아, 두 사람 모두 앞이 보이지 않는 사람이었던 것이었습니다. 굳이 차이를 두자면, 남편보다 아내의 눈이 아주 조금 더 좋을 뿐이었습니다. 그러나 앞이 거의 보이지 않기는 마찬가지였을 것입니다. 그러자 문득 이런 생각이 들었습니다.

'두 사람의 사랑이 써준 이런 한 편의 시가 내 마음에 들어왔다.'

조금 덜 아픈 사람이
조금 더 아픈 사람을 안아주며
두 사람의 사랑은 더욱 견고해진다.
그렇게 서로를 의지하며 살아가는
이 아름다운 두 사람에게는
기쁨만이 가득할 것이다.

세상이 말하는 사랑은
서로 같은 곳을 바라보며 사는 거라지만,
이렇듯 세상 어떤 곳에서는
서로 아무것도 보이지 않지만
그럼에도 여전히 믿고 살아가는 사람들이 있다.
보는 사랑이 아니라 믿는 사랑이 더 강하다.

두 눈을 떠도 마음을 감은 사람은
진실한 사랑을 나누기 어렵다.
그러나 두 눈을 감아도 마음을 연다면
오직 두 사람만 아는 세상에서
가장 고요한 기쁨을 나눌 수 있다.

저 두 사람의 포근한 사랑이
내게 세상 하나뿐인 시를 줬다.
시가 되는 모든 것이 바로 사랑이다.

기억 속 바람절벽 Wind cliff in memory
65x180.5cm, Acrylic on canvas, 2020

당신이라는
바람을
나는 사랑합니다

영화를 밥 먹기보다 더 좋아하던 내가
요즘에는 웬일인지 극장에 간 일이 없습니다.
그 이유가 뭘까 곰곰이 생각하다가
문득 사랑하는 당신 생각이 났습니다.

새로운 영화를 개봉하면 당장 뛰쳐나가
꼭 가장 먼저 관람을 해야만 직성이 풀리던 내가
어떻게 된 일인지 나도 알 수가 없었는데
이제는 그 이유를 정확하게 알게 되었답니다.
극장에 앉아 영화를 보는 것보다
그대 곁에 앉아 그대를 바라보며 보내는
120분의 런닝 타임이 내게 더 소중하기 때문입니다.

말로 다 표현할 수 없는 소중한 그대여.
나에게 왜 당신을 사랑하느냐고 묻지 말아요.
바람에 나부끼는 저 깃발들이
그냥 아무 일 없이 저렇게 흔들리겠어요?
파도에 흔들리는 저 바다가

아무런 의미도 없이 괜히 요동치겠어요.
당신이라는 바람이 부니까,
당신이라는 파도가 몰려오니까,
흔들리지 않고는 도저히 견딜 수가 없는 거죠.

당신이라는 아름다운 바람이 부는데,
어떻게 사랑하지 않고 견딜 수 있겠습니까?
그렇게 오늘 더 사랑하는 당신이여
나, 당신과 함께 평생 영화를 찍고 싶습니다.
앞으로 50년의 런닝 타임을 가진,
이 세상에서 가장 길고도 아름다운 영화를
오늘부터 죽는 날까지 애틋한 그대와 찍고 싶습니다.

오늘도 불어오는 당신이라는 바람.
그저 난 두 팔을 활짝 펼쳐,
내게로 오는 그대를 안을 수밖에.

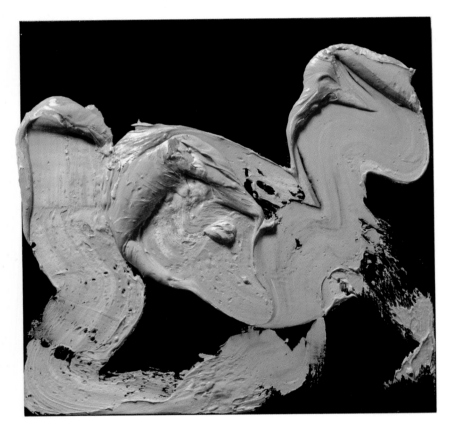

Piece of Hope

50x50cm, Mixed media on Canvas, 2021

너를
사랑한다

사랑한다.
먹고사는 일처럼
끊을 수 없는 인연을

그리고 사랑한다.
아지랑이처럼 드러눕는
철로와 열차의 마주쳤다 찢어지는
그 지독하도록 뜨거운 숙명을

그리고 나는 사랑한다.
사랑이 되지 못한 것들에
무수히 이별을 고했으나
철로 너머로 결국은 돌아온
눈물겨운 너를 사랑한다.

나의 수줍은
연인에게

나의 수줍은 연인, 그대는 말했지.
"당신을 사랑하는 날에는
길가에 구르는 돌 하나마저
시가 되어 내 가슴에 내려앉아요."
그런 당신을 바라보며, 난 이렇게 말할 수밖에 없습니다.
"햇살이 밝아 주체 못하는 그 따스함에
내 눈 빗줄기처럼 한없이 가늘어 지듯이
두 눈을 뜨지 못하게 만드는 아름다운 그대를,
오래도록 나의 시로 남겨 드리겠습니다."

그대의 이름, 나의 수줍은 연인이여.
나의 입술이 그대 입술에 내려앉는 동안
그저 얼굴 붉히며 눈을 감는 사랑하는 연인이여.
나는 나의 입술과 나의 이름을 그대에게 주고
영원토록 수줍은 그대의 그 이름으로 살겠습니다.
나조차도 표현할 수 없는, 그대를 향한 이 모진 전율이여.
그리고 이 가슴 뛰는 사랑이여.
이 세상에 오직 당신에게만 들키고 싶은
나의 사랑을 그대에게만 전하고 싶습니다.

나의 수줍은 연인이여, 그대는 꿈만 꾸세요.
가진 것 없이 떠돌아도 행복하기만 한 그곳에서
당신은 아름다운 꿈만 꾸기를 기도해요.
내가 꿈꾸는 당신을 평생 지켜 주리라.
그러니 걱정 말고 내 안에서 잠들어라.
다만 기억하길.
이토록 메마른 세상에서 당신이 잠들 때까지,
자르고 자르던 내 아픔을.
생명의 밑동을 찌르는 그 아픔마저도
그저 내게만 주어지는 행복으로 생각하며
한 평생 잠들고 있던 당신을 지켜주고 안아주던 나를.

그러나 혹시 오랜 꿈에서 언젠가 당신이 깨어난다면
세상의 풍파가 그린, 내 온몸의 그을린 자국을 비웃지 말기를.
내 몸의 상처들이 검푸른 문신처럼 지워지지 않더라도
그저 너를 위한 사랑인 줄만 알아라.
나의 눈물겨운 사랑을 다한 사랑인 줄만 알아라.
그렇게 나의 사랑이 어떠했는지 다 알고 난 후에,
그대도 이제는 나만 바라보기를.
내 뿌리 깊은 신음소리 하나, 이제는 그대가 나를 감싸주기를
그렇게 이제는 서로가 서로를 바라보며
모자람 없이 똑같이 사랑하기를.
나도 사랑받을 수 있기를….

Piece of Hope

50x50cm, Mixed media on Canvas, 2021

똑똑하게
한 사람을
사랑하는 법

내 사랑이 소중한 이유는
너에게 배운 것이기 때문이다.
그리움, 추억, 기쁨과 슬픔
모두 네가 나에게 예쁘게 주고 간 것들이라서
오늘도 눈물 속에 접어 고이 간직하고 있다.

세상은 혼자 마음 주고 상처받지 말라고 하지만
그게 똑똑하게 관계를 맺는 방법이겠지만,
너에게만은 상처라도 마음껏 받고 싶다.
네가 주는 것이라면 뭐든 좋다.
내 인생이 아름다운 이유는
네가 한때 머물렀기 때문이니까.

세상에서
가장 아름다운 길

네가 없는 곳에도 너는 있고,
네가 있는 곳에는 내가 없다.
당신은 어떤 곳에도 없지만
어떤 곳에나 있다.

이 넓고 높은 하늘과 땅 사이에서
아무리 강한 바람이 불어 꽃잎이 흩어져도
그래 봐야 하늘과 땅 사이에 있듯이
봄날처럼 언제나 그리운 그대여,
그대가 아무리 내 마음을 온통 흔들어 놓아도
그대와 나 사이에서 여전히 내 마음은 뜨겁다.

이제 그 아름다운 입술로
그대에게 가는 길이 없다고 말하지 말라.
내가 길이요 그대가 사랑이니,
세상에서 가장 아름다운 길이 되어
나는 언제나 그대에게 가고 있으니까.

눈,물 (겨울) Snow, water (Winter)
91x72.5cm, Acrylic on canvas, 2020

2

언젠가
너를 잊은 적이
있다

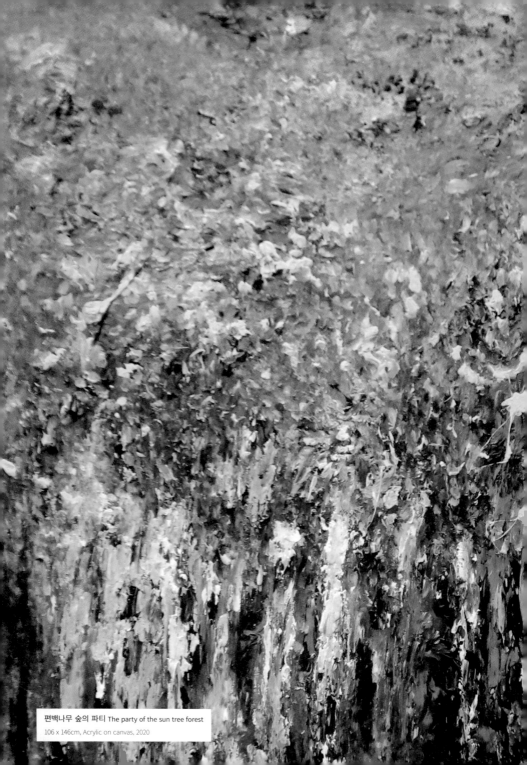

편백나무 숲의 파티 The party of the sun tree forest
106 x 146cm, Acrylic on canvas, 2020

가끔은 우리가

가끔은 우리가 죽어서 지옥에 가는 상상을 해볼 때가 있어. 지옥은 상상도 못할 만큼 괴롭다는데. 어떤 상황에서도 웃음이 나오지 못할 만큼 정말 아프다는데. 그런 고통스러운 곳에서 우리가 만나더라도, 서로가 함께 있으면 행복할 수도 있다는 사실 너에게 알려주고 싶어. 우리가 머물 수 있는 곳이 비록 지옥이라도, 여전히 사랑할 수 있다면 행복할 수도 있다는 사실을 네 두 눈과 가슴에 아름답게 새기고 싶어.

가끔은 우리가 서로 다른 인연을 가지고 태어나기를 바랄 때도 있어. 네가 날 알아보지 못해도 괜찮아. 다른 인연에 만날 기회조차 없다 해도, 내가 항상 너를 기억하고 있을 테니까. 몇 번을 다시 태어나도 몇 번 더 기억할 테니까.
네가 사는 집 앞에서, 그리고 네가 자주 가는 곳에서, 네가 올 때까지 기다리며 어떻게든 우연을 만들어, 인연이 아니라도 우린 처음부터 만날 사람들이었다고 말하고 싶어. 인연이 아니라면 운명의 이름을 빌려서라도 우린 어떻게든 만나서 사랑할 운명이라고 말하고 싶으니까. 내 걱정할 필요는 없어. 백 번으로 부족하다면 백 한 번 내가 더 기억하면 되니까.

가끔은 우리가 말을 하지도, 또 듣지도 못하는 사람이 되면 어떨까 상상할 때도 있어. 말을 듣지 못하는 너의 곁에서 말을 하지 못하는 내가 그저 한없이 바라볼 때, 그 바라보는 아득한 순간을 느끼고 싶어. 바라만 봐도 사랑이 느껴지는 그 기분 알지? 그 마음 정말 간절하다는 거, 그 눈빛 정말 진심이라는 거, 그 모든 소중한 감정을 그저 서로를 바라보는 두 눈으로만 느껴보고 싶어. 사랑이 깊어지면 굳이 많은 말이 필요하지 않다는 사실, 마음으로 너에게 전하고 싶어. 그렇게 우리 두 사람은 하나의 풍경이 되겠지. 그래, 따뜻한 풍경화처럼 너와 조금씩 늙고 싶어.

가끔은 이렇게 당신을 많이 사랑하는 내가 두렵기도 해. 이러다가 나 죽는 날에, 당신이라는 이름의 사랑 하나만 가지고 떠날 것만 같으니까. 하지만 후회하지 않을 거야. 세상에 태어나 당신이라는 한 사람, 단 한 사람 사랑하고 간다는 건, 내게 있어 큰 축복이니까.

"언제나 소중한 그대,
시를 쓰는 동안에도
시를 잊게 만드는 그대,
늘 오늘처럼 사랑할거야"

Paradise in my mind

45.5x33.4cm, Mixed media on canvas, 2020

너라는
근사한 문장

내 손가락 마디마디에
네 미소와 품을 담을 수 있다면
두 손으로 내 뺨을 감싸도,
마치 네게 안긴 듯
온통 따스해질 수 있을 텐데.

책을 읽다가 멋진 문장을 만나
정신없이 줄을 치며 읽었던 것처럼,
너를 만나 함께 보낸 시간도
굵은 펜으로 줄을 칠 수 있다면
시간과 운명이 서로 얽혀
어디로 언제 가야 하는지 방황할 때마다
다시 꺼내 읽으며 너를 찾아낼 수 있을 텐데.

그러나 줄칠 곳이 너무 많아
포기하고 그냥 읽게 되는 책처럼
도저히 한 곳만 남길 수는 없는 그대.
너라는 문장을 줄칠 수 있다면,
얼마나 좋을까.

세상에서 가장 아름다운 초대

오늘도 기도하며
당신 모르게,
당신을 나에게로 초대합니다.

나 당신과 함께 산다면
하늘을 아늑한 지붕으로 삼고
태양 아래 부서지는 모든 곳들은 정원 삼아
고등어 등처럼 푸른 희망 속에서
행복하게 살아갈 자신이 있다고 기도합니다.

나 당신과 함께 산다면
너무 길어서 꿈으로도 다 채우지 못하는
이 고요하고 기나긴,
그래서 누군가의 손길이 그리워지는 이 겨울밤에
새하얀 향기 가득 담아 당신 손을 잡고
다시는 놓지 않을 자신이 있다고 기도합니다.

나 그렇게 당신과
세월 가는 줄 모르고 사랑하며 살다가
언젠가 하늘로 돌아갈 시간이 와서
누군가 나에게,
"너의 지난 사랑이 어떠했냐?"라고 묻는다면
너를 보는 내내 미쳐서 사랑했고
깨어나 보니 죽었다고 말하겠습니다.
그렇게 당신만을 사랑하겠습니다.

그러나 나의 기도가
혹시라도 이루어지지 않는다면
이러한 나의 간절한 기도가 있었음을.
그 사람은 모르게 해주시길 소망합니다.
따뜻한 그 사람 마음 한곳에
혹시라도 미안한 마음, 자리 잡지 않도록
그 사람은 하나도 알지 못한 채로
행복만을 자기 일처럼 갖게 해주시길 바랍니다.

오늘도 그리움에 가득 찬 나의 이름으로
당신의 마음과 사랑을 초대합니다.

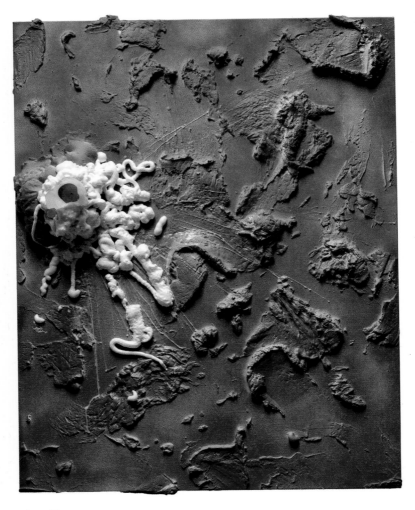

Piece of Hope

117x91cm, Mixed media on Canvas, 2021

사랑의 온도

세상의 물기를 제거하고
휘발유를 가득 채운 항구에서
우리는 서로를 아낌없이 불태웠다.
그렇게 흩어지고 흩날리며
우리는 재가 되어 서로에게서 멀어졌다.
하늘만 알고 있지.
우리가 사랑했던 날들의 온도를.

지금 당장 말하지 않는 사랑은 사랑이 아니다

"네가 먼저 분노하면 상대는 더욱 분노할 것이고,
네가 먼저 사과하면 상대는 더 깊이 사과할 것이다."
그렇게 우리는 모두 경험으로 알고 있다. 나쁜 것들은 더
나쁜 상황을 만들고, 좋은 것들은 더 좋은 상황을 만든다.
그런데 굳이 나쁜 것들에 의지하며 살아갈 필요가 있을까.
그게 우리가 사랑하고 믿어야 하는 이유다. 그러나 사랑과
믿음은 공짜가 아니다. 바란다고 찾아오는 손님도 아니다.
먼저 모든 것을 주지 않고는, 조금도 기대할 수 없는 소중
한 가치이기 때문이다. 세상의 모든 사랑하고 사랑받는 사
람들은 입을 모아 이렇게 속삭인다.

내가 아무도 믿지 않았기에
누구도 날 믿지 않았고,
내가 진실로 사랑한 적이 없어서
누구에게도 진실한 사랑을 받지 못했다.

당신이 누군가를 믿고
진실로 사랑하게 된다는 것은
이전에는 만날 수 없는
아주 특별한 세상을 살게 된다는 사실을 의미한다.
믿고 사랑하면
다른 세상을 만난다.

세상을 다 주고 싶을 만큼 사랑하는 사람이 당신에게는
있나요? 그렇다면 지금 당장 사랑한다고 말하세요. 그 사
람이 지금 어디에서 무엇을 하고 있든, 그게 당신의 일인 것
처럼 가서 사랑을 전하세요.

아침에 일어나면 햇살에 비치는 모든 것들이
나에게 행복으로 느껴지게 만들어준 사람
바로 당신이라고.

늦은 시간 잠들 때 아무리 힘들고 피곤해도
하루를 무사히 마치고 내일을 기약하며
내게 살아갈 희망을 만들어준 사람
바로 당신이라고.

한참 일을 하다가도 문득
당신 얼굴이 떠오르면 설레고
그 맑은 목소리가 내 가슴을
내내 훑고 지나간다고.

그렇게 내가 사랑하는 사람이
바로 당신이라고 가서 전해주세요.
지금 당장 말하지 않는 사랑은 사랑이 아니니까요.

언젠가
너를 잊은 적이
있다

봄바람에도 실려 있는 그대여.
햇살에도 담겨져 있는 그대여.
봄바람도 햇살도 모두 안 보고 살 수 있지만
그러나 그대여,
공기에조차 녹아서 존재하는 그대여.
숨만 쉬어도 내게 들어오는 그대여.
숨을 참아도 내 안에서 나를 흔드는 그대여.

Piece of Hope

117x91cm, Mixed media on Canvas, 2021

사랑하고 싶은 사람

오늘도 내가 당신을 사랑하고 싶은 이유는
안개꽃처럼 수수한 미소와
장미꽃처럼 화려한 빛깔을
당신이 가졌기 때문만은 아니다.
이 세상의 어떤 추한 것들도
당신 곁에 놓아두면
당신으로 인하여,
꽃으로 다시 피어오르게 할 수 있는
끝없이 번지는 사랑을
당신이 가지고 있기 때문이다.

오늘도 내가 당신을 사랑하고 싶은 이유는
새벽이슬보다도 먼저 태어나는 숭고한 아름다움과
망망대해의 갈매기보다도 더 오랫동안
자신의 의지대로 날아가는 곧은 마음을
당신이 가졌기 때문만은 아니다.
이슬에게는 새벽이라는 배경이
갈매기에게는 바다라는 배경이 있듯,
누구에게도 아름다운 배경이 되어주는 마음을
당신이 가지고 있기 때문이다.

그렇지만 진정 내가 당신을
사랑하고 싶은 사람이라 여기는 이유는,
내가 정말 많이 당신을 사랑하기 때문이다.
당신이 누구에게나 사랑을 받을 정도로 근사해서
당신을 사랑하는 것이 아니다.
사랑해서 소중한 것이고
사랑해서 함께 살고 싶은 것이다.

이것이
나의 삶이다

새벽 2시 59분의 방이 새벽 3시의 방에게 잠든 나를 넘겨
주지 않도록, 매일 나를 일으켜 눈뜬 새벽 3시를 만나는 것
은 나만 아는 기쁨이다. 과거의 흐름이 현재로 무작정 흐르
지 않도록, 적절히 중간에서 흐름을 제어하며 내가 주도할
수 있어야 "이것이 나의 삶"이라고 부를 수 있다. 당신만이
나의 사랑인 것처럼.

아름다운 인생은
선택하는 자의
권리다

오늘 하루
열 사람에게 실망을 줬어도,
한 사람을 용서했다면
당신의 삶은 충분히 아름답다.

타인이 내게 받은 실망은
내가 아무리 힘을 써도 어쩔 수 없지만,
내가 타인에게 주는 용서는
마음만 내면 언제든 할 수 있는 선택이다.

당신의 아름다운 나날은
당신 자신의 선택에 달렸다.

우리 서로를 사랑하기 전에

밤이 되면,
태양이 머물던 자리에 달이 뜹니다.
그들은 서로가 머문 자리에
혹은 머물 자리에 홀로 남겨지지만,
서로를 향한 사랑은 여전히 뜨겁습니다.

연인이란,
함께 존재하는 사람입니다.
하지만 나는 우리가 서로의 연인이기 전에,
자신을 사랑하는 한 사람이면 좋겠습니다.

홀로 설 수 있는 두 사람이
서로를 사랑할 때,
어디에서도 찾아볼 수 없는
자신만의 세상을 만들 수 있으니까요.

하나의 세상에 함께 존재하는 것도 행복하지만,
각자 다른 세상에 존재한다고
사랑과 기쁨이 사라지는 것은 아닙니다.
우리 각자가 서로를 기억하고 있으니까요.

달이 태양이 머문 자리에서 빛나듯
태양이 달이 머물 자리에서 세상을 바라보듯
우리도 그렇게 각자의 자리에서 서로를 빛내며
영원히 같은 눈으로 바라보면 좋겠습니다.

내 삶의 태양 그대여,
잠시 그대의 세상에 홀로 머물고 싶다면
그대의 마음 조금 식어도 괜찮습니다.
내가 당신의 몫만큼 더 뜨거워지겠습니다.
태양처럼 뜨겁게 빛나는 달이 되어서,
당신을 바라보겠습니다.

그대의 빛이 사라진다고 해도
나는 그대를 느낄 수 있습니다.
그대가 소리를 내지 않아도
나는 그대를 듣고 있습니다.

"그대가 아무리 멀리 있어도
나는 거기에 있습니다."

3

예쁘게 말하고,
예쁘게 행복하기

보통의 하루
130x162cm, Acrylic on canvas, 2020

너에게 마음까지
전하고 싶다

잘못 나온 한마디 말은
때로 한 사람의 인생을 흔들기도 한다.
더욱 중요한 사실 하나는,
사과로 용서를 구할 수는 있지만
그 사람의 기억까지 지울 수는 없다는 것이다.

"몇 월 며칠에 가면 되나요?"라는 말보다는
"당신이 내리는 커피를 언제 마실 수 있을까요?"라는 말이,

"왜 내 전화를 받지 않았나요?"라는 말보다는
"당신이 조금만 바쁘지 않게 살면 좋겠어요."라는 말이,

"포기하지 말고 끝까지 최선을 다해."라는 말보다는
"꿈을 말하는 당신이 눈빛이 좋아요."라는 말이,

"죽을 만큼 당신을 사랑해요."라는 말보다는
"아침에 일어나 가장 먼저 당신을 생각해요."라는 말이,
내 마음을 더 따뜻하게 만들어준다.

내가 원하는 것은 모든 이가 아닌,
당신 한 사람의 마음에 도착할 수 있는 언어다.
그래서 내 사랑은 늘 조금 늦게 도착한다.
당신을 생각하며 쌓은 느린 언어를
오랫동안 기다려서 그렇다.

그러나 결코 많은 말이 중요한 건 아니다.
당신은 스스로 자신의 지루함을 달래기 위해
상대에게 끊임없이 말을 하겠지만,
그로 인해서 상대는 지루함을 느끼게 될 것이다.
당신의 지루한 감정이 그에게 달려가 안기는 셈이다.

말은 얼마든지 공짜로 할 수 있지만,
말로 인한 상처는 돈으로 해결할 수 없다.
언제나 침묵보다 나은 말을 해야 한다는
진실한 말의 철학을 잊지 말아야 한다.

한 번 생각하면 사실을 전할 수 있지만,
열 번 생각하면 마음도 전할 수 있다.
난 늘 너에게 마음까지 전하고 싶다.

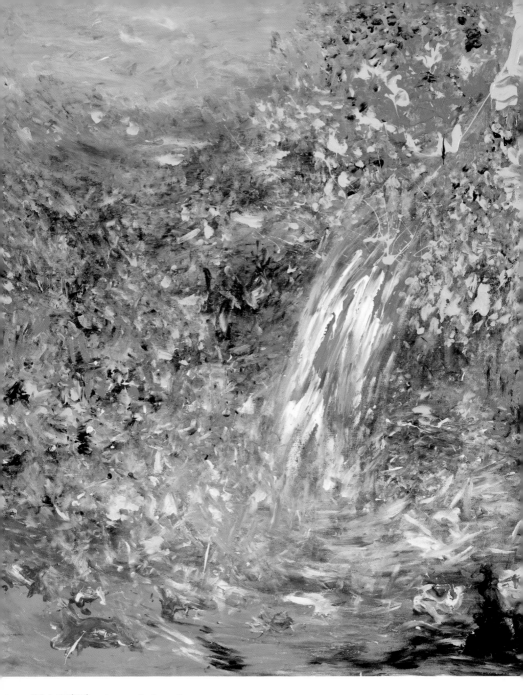

상상 속 낙원(여름) Imaginary paradise (Summer)
91x72.5cm, Acrylic on canvas, 2020

보면 낫는 병

"당신이 보고 싶어요."
가끔, 이 말을 분석하는 사람이 있다.

그가 왜 이 말을 했을까?
무슨 문제가 있나?
나는 어떤 행동을 해야 하나?

물론 분석도 좋다.
하지만 세상에 단 하나,
보고 싶다는 말은 그게 필요 없다.

그냥 그 말 그대로,
당신이 보고 싶다는 말이니까.
그걸 왜 분석하나,
마음의 말인데.
보면 낫는 병인데.

Paradise

130x162cm, acrylic on canvas , 2018

예쁘게 말하고,
예쁘게 행복하기

예쁘게 말하는 것을
타고난 사람은 별로 없다.
만약 상대가 당신에게
한마디 말도 예쁘게 한다면
그건 그가 당신을 소중하게 여긴다는 증거다.

예쁘게 말하는 비결은 단 하나다.
더 오래 정성을 다해 생각하고
좋은 마음을 전하려고 노력하는 것.
그러므로 좋은 사람을 만나고 싶다면,
당신에게 예쁘게 말하는 사람을 곁에 두라.

예쁜 말이 예쁜 미래를 만든다.
그러므로 예쁜 내일을 만들고 싶다면,
당신을 더 오래 생각하는 사람과
예쁘게 행복을 나누며 살라.

시간을 내면
한 사람의 마음을 얻을 수 있습니다

평소 자신보다 낫다고 생각되는 사람이 갑자기 "나 사실 공황장애로 힘든 시간을 보내고 있어."라고 고백하면, 보통은 이런 식의 생각을 하게 됩니다. 너처럼 환경도 좋고, 외모도 아름답고, 뭐 하나 부족한 게 없는 사람이 공황장애를 겪고 있다고? 물론 개인차가 있겠지요. 하지만 그런 의문은 결국 그 사람에게 이런 질문을 하는 걸로 마무리가 됩니다.

"아니, 네가 왜?"

이런 식의 접근이 나쁘다는 말은 아닙니다. 세상에 나쁜 것은 없습니다. 다만 좋은 게 아닐 뿐입니다. 중요한 사실은 아픈 당사자에게 그 이유를 묻는 것 자체가 오히려 상처를 주는 행위가 될 수 있다는 사실을 인식해야 한다는 것이지요. 마음이 아픈 것과 겉으로 보이는 환경이나 외모는 전혀 상관이 없는 경우도 많기 때문입니다.

"외모가 아름답거나 풍족한 환경에서 산다고,
마음이 아프지 않은 것은 아니니까요."

이럴 때는 두 가지 방식으로 나눠서 그 사람을 바라보는 게 좋습니다. 일단 "왜?"라는 모든 질문은 자기 자신에게 던지는 게 좋다는 사실을 기억해주세요. "저 사람이 힘든 이유가 뭘까?", "나는 무엇을 해줘야 좋을까?", "내 어떤 말과 행동에 상처를 받는 걸까?" 이런 식의 질문은 모두 상대가 아닌 자신에게 던지며, 그를 하나하나 이해해 나가는 시간이 필요합니다.

상대에게는 질문이 아닌 포근히 안아주려는 마음이 필요합니다. 그 사람의 말과 행동을 평가하지 말고 그냥 그대로 듣고 받아들이는 것이죠. 그렇게 두 가지 방식의 방법이 원활하게 돌아가면, 나중에는 그가 왜 힘든 시간을 보내고 있으며 어떤 방법으로 도움을 줄 수 있는지 자연스레 깨닫게 됩니다. 그게 자연스럽고 아름답습니다.

중간중간 그 사람의 도저히 이해할 수 없는 말과 행동을 보며 "이해할 수 없는 사람이네."라며 돌아서고 싶은 마음도 들 수 있죠. 그러나 그 사람이 소중하다면 이렇게 생각을 바꿔 조금 더 곁에 머물 필요가 있습니다. "내 이해가 조금 더 필요한 사람이구나.", "내가 조금 더 다가가야 안을 수 있겠네." 세상에 이해할 수 없는 사람은 없습니다. 단지 용기와 시간이 조금 더 필요할 뿐이죠.

시간을 내세요.
그럼, 마음을 얻게 됩니다.

나를 예뻐지게 하는
그 말

그냥 '보고 싶다.'는 말도 아니고
'당신이 보고 싶다.'는 그 말,

그냥 '사랑해.'라는 말도 아니고
'당신만 사랑해.'라는 그 말,

'우리 언제 만나.'라는 말도 아니고
'오늘 당신을 꼭 만날 거야.'라는 그 말,

다른 사람에게 들으면 부담만 늘지만
당신에게 들어야 한없이 내가 예뻐지는 그 말.

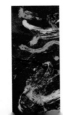

생각만 해도
좋은 사람이 되고 싶다

햇살이 쏟아지는 풍경과 어울리는
따스한 사람이 되고 싶다.

먼 바다 끝에서 떠오르는 태양처럼
힘들어도 누군가를 위해 다시 힘을 내서,
소중한 것을 지킬 줄 아는 사람이 되고 싶다.

기분 좋은 바람이 머무는 공간과
시원한 파도가 치는 아름다운 시간 속에서,
구분할 수 없는 하나의 자연으로 살고 싶다.

생각만 해도 좋은 미소가 번지는 사람이 되고 싶다.
손만 잡고 걸어도 세상 부러울 게 없는 사람이 되어,
너에게 영원히 변치 않는 힘이 되고 싶다.

삶에서 사랑을 실천하는 한 사람은
말로만 사랑을 전하는 99명보다 강하다.
그런 한 사람이 되어 네 곁에서 살아가고 싶다.
"생각만 해도 좋은 사람이 되고 싶다."

네가 와서 좋다

네가 와서,
꽃이 핀 줄 몰랐다.
사방에 꽃은 피었지만
네가 와서,
더 예쁜 꽃을 알게 되었다.

숨바꼭질
45.5x38cm, Acrylic on canvas, 2020

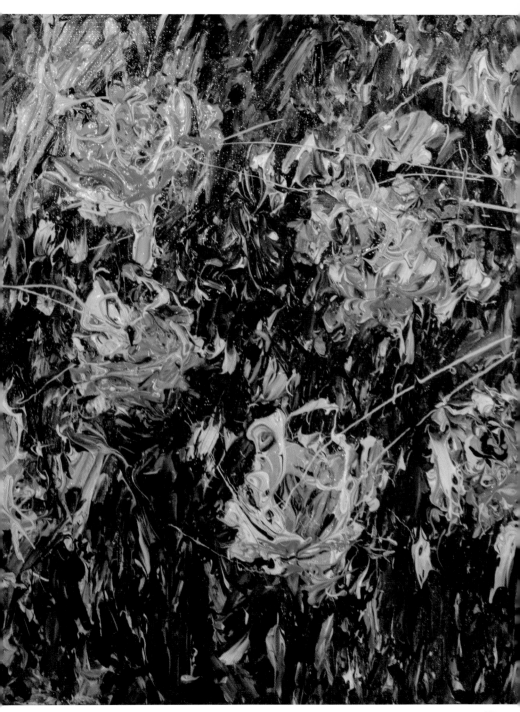

두 사람만 살아가는
세계

우리 이제 언제 누구를 만나도
이제 막 사랑을 시작한 연인처럼,
따스한 마음과 애정을 전하기로 해요.
그리고 이런 생각으로 살기로 해요.

내가 당신을 사랑하지 않는다면
저 빛나는 햇살이 무슨 소용이 있을까요.
비출 당신이 없는데.

내가 당신을 사랑하지 않는다면
이 근사한 자연이 무슨 가치가 있을까요.
함께 나눌 당신이 없는데.

당신을 사랑하지 않는 동안에도
나는 이 세상을 살아왔지만,
당신을 사랑하면서 비로소
살아가는 생명의 가치를 느낍니다.

내게 왜 눈이 있고
손과 다리가 있는지,
당신을 사랑하면서 깨닫습니다.
당신의 달콤한 음성을 듣고,
두 손으로 안기 위해 걸어갑니다."

당신을 스치며 지나가는 모든 사람을
보석처럼 소중히 여기며
사랑하는 마음으로 바라보세요.
영원한 젊음을 유지하는 방법이 그 안에 있습니다.

사랑하면 영원히 청춘입니다.
두 사람만 살아가는 세계 안에서,
영원히 서로에게서 끝없이 태어나니까요.

사랑한다는 말보다
더 사랑해

당신과 함께 있으면
나는 자꾸만,
내가 위험해지는 기분이 들어.
같이 있고 싶어지고
떨어지고 싶지 않아서
그런 내가, 나도 참 낯설지.

보고 싶다는 말보다,
더 보고 싶어.
사랑한다는 말보다,
더 사랑해.

Piece of Hope

50x50cm, Mixed media on Canvas, 2021

말은 입에서 살아가는
내면의 꽃이다

아파트 15층에 뛰는 걸 좋아하는 아이가 살고 있다. 아이의 부모는 늘 불안했다. 아무리 뛰지 못하게 막아도 하루 종일 통제하기는 쉽지 않기 때문이다. 결국 위기가 찾아왔다. 14층에 사는 중년 남성이 층간 소음 문제로 찾아온 것이다. 15층에 사는 아이의 어머니는 긴장했다. "저 남자가 막 쏘아 붙이면 어쩌지?"라는 생각에, 현명하게 대응할 방법을 생각하며 애써 침착한 표정으로 문을 열었다.

그런데 놀랍게도 중년 남자의 표정은 성난 상태가 아니었다. 오히려 그녀보다 온화했고, 미소까지 지으며 이렇게 말했다. "우리 딸이 지금 고등학생입니다. 그런데 딸아이에게는 꿈이 있습니다. 원하는 대학에 가서 하고 싶은 일을 하는 거죠. 그런데 저는 딸아이의 꿈을 꼭 이루어주고 싶습니다. 조금만 신경을 써 주시면 감사하겠습니다."

'아, 꿈이라니…'
예상치 못했던 말에 오히려 당황한 쪽은 아이의 어머니였다. 중년 남성의 말에 내내 불편했던 마음이 따뜻해졌다. 그녀는 바로 '죄송하다.'는 말과 함께 아이에게 주의를 줬다. 자신이

할 수 있는 모든 방법을 찾아 최대한 소음이 나지 않게 만들었다. 하지만 소음은 쉽게 사라지지 않았다. 아이에게 너무 심하게 강요할 수도 없는 노릇이니까. 그래서 그녀는 놀라운 결정을 한다. 과연 그게 뭘까? 금전적으로 큰 손해를 보며 같은 아파트 1층으로 이사를 떠난 것이다. 보통 아파트 1층은 그 동에서 가장 가격이 낮지만, 그는 서둘러 이사를 가기 위해 오히려 1층보다 낮은 금액으로 14층 아파트를 처분했다.

나는 그녀의 이야기를 듣고 마음에 아름다운 꽃을 심은 것처럼 행복해졌다. 층간 소음으로 싸우고 생명을 위협하는 이 지독한 현실에서, 딸의 꿈을 말하며 정중하게 부탁하는 아버지의 마음, 그리고 그 부탁에 감동해 손해를 보면서까지 1층으로 내려간 어머니의 아름다운 행동을 생각하며, 세상은 분명 조금 더 아름다워질 수 있다는 아주 강력한 믿음이 생겼다. 그렇게 믿으면 결국 세상은 아름답게 바뀐다.

세상에 해결할 수 없는 문제는 없다.
마음은 배려한 만큼 넓어지고,
사람은 사랑한 만큼 아름다워진다.
한 사람의 입에서 나온 배려와 사랑은
그 사람이 품은 내면의 향기를 전해준다.
믿고 사랑하며, 아름다운 말만 전하자.
"사람과 사람이 얽힌 문제는
결국 사람만이 풀 수 있으니까."

4

내가 너의
무게를 견딜 수
없을 때

Street Paradise

© Kwon Jian x Seka x Banga

120 x 275cm, Acrylic and acrylic spray on canvas, 2018

당신의 사랑을 위해
무엇을 참아내고 있나요?

모든 관계가 그렇듯 연인 사이도 마찬가지인 것 같아. 보통
누군가를 만나 사랑을 시작할 때 먼저 가볍게 손을 잡고,
훗날 입맞춤과 키스로 사랑을 키워 나가게 되지. 그런데
다들 알고 있잖아. 막상 처음 손을 잡는 게 얼마나 힘든지,
그리고 입을 맞추려는 시도는 또 얼마나 때를 잡기 힘든지
말이야. 그런데 가끔 반대의 경우가 생길 때가 있지. 상대
를 향한 사랑이 너무나 강렬해서, 오히려 폭주하려는 나를
참아야 할 때 말이야.

정말 간절하게 키스하며 그의 마음을 느끼고 싶지만, 손만
잡고 가벼운 포옹을 나누며 그의 입술에 닿고 싶은 그 애
절한 마음을 참아낸다는 것, 당신도 그 마음이 어떤지 알
고 있지? 키스라는 목적지에 너무 빠르게 달려가면 그와
의 사랑도 빠르게 끝날 것만 같아, 수많은 시간을 고민하며
두 걸음 다가가고 싶을 때 반걸음만 다가가며 아꼈던 그 정
성과 마음.

그런데 비록 애가 타지만, 당신을 향한 마음을 참아내는 나를 바라보며, 설명할 수 없는 애틋한 감정이 난 참 좋았어. 너를 참아내기 위해 온갖 노력을 하는 내 의지가 새로웠지. 나도 모르는 나를 만난 것 같았으니까. 물론 나도 알아. 사랑 앞에서 사랑을 참아낸다는 것이 얼마나 의미 없는 일이라는 사실을. 하지만 내 떨리는 눈빛과 일제히 널 향해 달려가는 정신이, 이미 너를 기적처럼 사랑하고 있다는 사실을 말해주고 있잖아.

사랑을 느끼고 전하는 모든 감정은 과학이 아니지. 증명할 필요가 있다면 그건 사랑이 아니라고 생각해. 지금 사랑하고 있는 사람은 그 마음을 숨길 수 없지. 보기만 해도 누구나 쉽게 알게 되니까. 바로 이렇게 말이야.
"저 사람은 누군가를 깊이 사랑하는 사람이다.
그리고 그 사랑을 위해 무언가를 참아내고 있다."

너에게 가서
사라지고 싶다

내 사랑스럽지만 가엾은 뮤즈여,
그대 두 눈에 수많은 보석이 잠자고 있네.
비밀처럼 향긋한 당신의 향기,
나만 아는 공간에서 홀로 당신을 만나네.
그리기만 해도 보고 싶은 당신.

시인에게만 보이는 어두운 하늘 아래
몸부림치며 우는 너,
내가 게을러지고 싶은 유일한 순간
정신없이 너에게 가서 취한다.
너의 머리카락 속에서 깊이 잠들고 싶다.

참 예쁜
당신

어떤 사람은 참 따뜻해서
자꾸만 곁으로 가게 만든다.
당신이 그렇다.

어떤 사랑은 참 마음이 예뻐서
자꾸만 이름 부르게 만든다.
당신이 꼭 그렇다.

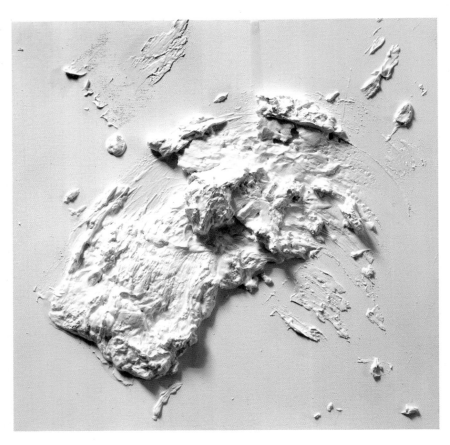

Piece of Hope

50x50cm, Mixed media on Canvas, 2021

내가 너의 무게를
견딜 수 없을 때

길을 걷다가 문득 고개를 들었는데 햇살이 반갑게 느껴지는
거야. 믿겨지니? 언젠가 너와 함께 올려다본 하늘과 같은 풍
경이 펼쳐졌다는 사실이. 네가 옆에 있었다면 얼마나 더 기
분 좋았을까. 놀라운 일이 일어난 기념으로 커피를 내리고
향기를 맡았지. 잘 지내고 있니? 네 안부가 궁금하다.

어제는 너와 비슷한 말투를 가진 사람을 만나 오랫동안 이
야기를 나눴어. 대화가 끊어질 것 같으면 내가 계속 말을 붙
였지. 이해할 수 없겠지? 그렇게 말하기 싫어하는 내가 모르
는 사람에게 자꾸만 말을 붙였다니. 그래, 너랑 같이 있는
것 같았거든. 그렇게 눈을 감고 그 사람 목소리를 듣고 있으
니, 참 기분이 좋아지더라. 네가 나를 부르는 것 같아서 말이
야. 또, 네가 그립다.

내게 쏟아지는, 너라는 그리움의 무게를 견디기 힘든 날, 가
끔 그렇게 말도 되지 않는 상상도 하고 실컷 아파하기도 하
면서, 나는 살아. 그렇게도 살아지더라.

Piece of Hope

117x91cm, Mixed media on Canvas, 2021

너에게
가장 좋은 사람이 되고 싶다

언제나 둘이 함께 있으면
너에게 기분 좋은 사람이 되고 싶다.

늘 좋은 소식만 전해주며
생각만 해도 행복한 사람이 되고 싶다.

당신과 함께 있을 수 있어서
그런 내가 점점 좋아진다는,
예쁜 말을 듣는 사람이 되고 싶다.

너에게 가장 좋은 것만 주고 싶다.
내 안에 있는 가장 예쁜 언어로,
미소만 가득한 인생을 살게 해주고 싶다.

떨어져 있으면,
생각나는 사람이 되고 싶다.
생각이 나면,
함께 있고 싶은 사람이 되고 싶다.
너에게 사랑,
그 자체가 되고 싶다.

Piece of Hope

117x91cm, Mixed media on Canvas, 2021

사랑이라는
거대한 재산

네가 다시 스무 살 시절로 돌아갈 수 있다면,
나는 너에게 이런 이야기를 들려주고 싶어.
"자신 있게 사랑하고, 더 많이 아파해라."
돌아보니 사랑은 결코 주저하는 게 아니더라.
줄 게 사랑밖에 없는 자신을 부끄럽게 생각하지 마,
시간이 아주 지나 돈과 힘을 갖게 되면 알게 될 거야.
그때 나는 사랑밖에 없던 게 아니라,
사랑이라는 거대한 재산을 갖고 있었구나.
그게 세상에서 가장 귀한 재산이었구나.
그러니 사랑, 줄 수 있을 때 많이 주고 살아.

물론 사랑이 늘 좋은 것만 주는 건 아니야.
깊은 사랑은 반드시 치열한 고통을 수반하지.
달콤한 사랑이 끝난 후에는,
죽을 정도로 아픈 시간을 보내야 할 거야.
하지만 그게 싫다고 애써 피하거나,
덜 사랑하며 덜 아파하려고 하지는 마.
우리 인생은 그때그때 반드시 겪어야 할 문제를
최선을 다해 겪어야 깊어지고 넓어지니까.

Piece of Hope

50x50cm, Mixed media on Canvas, 2021

당신처럼
늘 예쁜 사람은
없습니다

중학생이 된 후에 초등학교 시절 사진을 보며
"그때 내가 참 예뻤지."라고 회상하고,
대학에 가면 중학교 시절 사진을 보며 다시,
"그때 내가 참 예뻤지."라고 회상합니다.
직장에 들어가서도 마찬가지입니다.
"대학 시절에 내가 참 예뻤지."라고 회상하게 되죠.
나이 마흔이 지나면 서른 시절이,
일흔 살이 되어도 마찬가지로
예순 시절을 회상하며 그때 참 예뻤다고 말하죠.

그런데 혹시 알고 있나요?
당신은 사는 내내 늘 예뻤다는 사실을 말이죠.
지금도 당신은 세상 그 누구보다,
가장 예쁜 나날을 보내고 있답니다.
"참 예뻐요, 당신."

너는 나를 가끔 원하지만,
나는 너를 가끔 외면하지

너는 가끔 내게 물었지.
"왜 내게 먼저 연락하지 않는 거야?
내가 보고 싶지 않아?"
늘 자신이 먼저 연락하게 된다며,
억울한 표정으로 그 이유를 물었지.
나는 아무런 답도 하지 못했어.
너무나 당연한 이유가 있었으니까.

나는 너를 언제나 원하지만,
너는 가끔 나를 원하니까.
네가 나를 원하는 그 짧은 시간을 위해,
나는 네가 나를 원하지 않는 그 긴 시간을 기다렸어.
나 혼자만 너를 원하는 시간이 아닌,
너도 나를 원할 때 너에게 가고 싶었으니까.

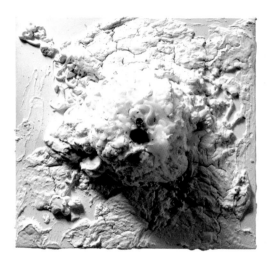

Piece of Hope
50x50cm, Mixed media on Canvas, 2021

너에게 환영을 받고 싶었어.
그게 얼마나 근사한 기분인지 아니?
먼저 연락하고 싶은 마음을
수천 번 참고 또 참고 나서야,
네가 오는 연락을 한 번 받을 수 있으니까.

그러니까 자주 연락해줘,
하루에도 수천 번 널 기다리니까.

아득하지만 가득해요

우리의 거리가 멀다고
아득하다고 말하지 말아요,
그대 사랑 여전히 내게 가득하니까요.
아득한 공간이지만
가득한 마음이 있으니까요.

자주 사랑해 주세요

간혹 외로움을 견디지 못해서 스스로 삶을 마감하는 사람들의 소식을 듣게 됩니다. 소식이 전해지면 곧 그의 SNS에는 "왜 그런 선택을 하셨어요, 이렇게 당신을 응원하는 사람이 많은데."라는 식의 댓글이 그가 마지막으로 남긴 글에 집중적으로 달리죠. 당신도 아마 자주 경험했을 겁니다. 많을 때는 그런 댓글이 천개 혹은 만개가 넘기도 하니까요. 그런데 마지막 글이 아닌 그가 평소에 남기던 오래전에 쓴 글을 살펴보면 전혀 다른 댓글 개수가 보입니다. 그들이 과거에 쓴 글을 찾아본 적이 있나요? 많아야 10개 적으면 아예 댓글이 없는 글도 있답니다. 그걸 보며 나는 다시 사색에 잠겨 생각합니다.

사랑은 몰아서 주는 게 아니다.
그렇게 그 사람이 소중하다면,
평소에 자주 시간을 내서 응원하자.
그가 떠나는 게 순간이듯,
사랑할 수 있는 시간도 순간이다.

5

당신이라는
우주

Spring of Dumori

143x277cm, acrylic on canvas, 2019

사랑을 모르는 사람들에게

죽도록 힘든 나날의 연속이었지만
살아갈 힘을 잃지 않을 수 있었던 것은,
아주 가끔 남몰래 너를 떠올렸기 때문일 것이다.

사랑을 모르는 자는 비위를 맞추는 법이라도 배워야 한다.
그렇지 않으면 세상을 살아가기 매우 힘들다. 적극 공감하
는 괴테의 말이다. 그가 남긴 이 말을 우리는 다양하게 해
석할 수 있다. 하나는 사랑만이 우리의 의식 수준을 상승
시키며 살아갈 힘을 준다는 것이고, 또 하나는 만약 주변
에 사람의 비위를 잘 맞춰주는 사람이 있다면 그는 사랑
을 모르는 자이니 조심하라는 것이다. 왜냐하면 사랑이 깊
은 자는 비위를 맞출 필요가 없으니, 그것이 애초에 필요가
없기 때문이다.

비위를 잘 맞춘다는 것은 우리가 흔히 말하는 사회성이 좋
다는 의미가 아니다. 말을 옮기기를 좋아하며, 이간질과 음
모를 꾸미기를 즐기고, 여기저기에 붙어서 행동이 아닌 입
으로만 떠드는 사람을 말하는 것이다. 그들은 사랑을 모르
기 때문에 결국 살기 위해서 비위를 맞추며 사는 삶을 선
택한 것이다.

똑똑했던 사람들이 어떤 자리에 앉으면 약속이라도 한 듯, 모두가 갑자기 이해할 수 없는 말을 하고 그것을 실천까지 한다. 이유가 뭘까? 똑똑하다는 말을 들었을 때 그들이 바라보던 삶의 목표는 '모두의 마음'이었지만, 어떤 자리에 앉아 바라보는 삶의 목표는 '나의 마음'이기 때문이다.

모두의 마음을 바라보던 그가, 자신의 이익과 물욕 그리고 명예에 집착하며 살아갈 때, 그는 돈과 지위 등 수많은 것을 가질 수 있지만 가장 소중한 것을 하나 잃게 된다. 그건 바로 '사랑하고 사랑받는 마음'이다. 물론 인생은 선택이다. 그러나 어제보다 아름다운 오늘의 삶은 사랑을 추구하는 일상에 있다.

춤추는 사계

162x130cm, Acrylic on canvas, 2020

너에게
봄바람처럼 가고 싶다

봄이 오면 지친 마음도
새싹처럼 힘을 얻고 살아나지.
여기저기서 따스한 봄바람이
힘없이 걷는 등을 조용히 두드려주며
한껏 온기를 불어넣어 주니까.

너에게 봄바람처럼 가고 싶다.
가서, 지친 너의 삶을
따스한 두 손으로 두드려주며
세상에 없는 온기를 전하고 싶다.
너에게만 특별한 의미가 되고 싶다.

꽃들의 전쟁
45.5x38cm, Acrylic on canvas, 2020

당신이라는 우주

저녁이 찾아와
어둠이 짙어져야
비로소 하늘에 반짝이는
별을 볼 수 있다.

그렇게 어둠이 와야
저 수많은 별이
나를 바라보고 있다는
근사한 사실을 깨닫게 된다.

당신의 삶도 그렇다.
가끔 삶이 어두운 이유도
당신이라는 광활한 우주에
수많은 별이 있다는 사실을
알려주기 위해서다.

당신을 힘들게 하려고
어두운 게 아니라
당신, 꼭 힘을 내라고
별을 보여주려고 그런 거다.

짝사랑

숨길 수도 없는데
말할 수도 없네.

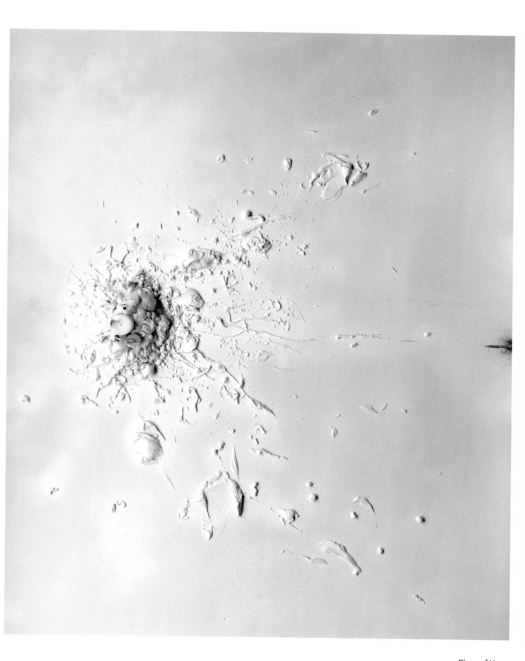

Piece of Hope
228x182cm, Mixed media on Canvas, 2021

내게도 이런 아름다운 시절이 있었지

이른 아침부터 만나 늦은 저녁 시간까지 함께 있었던 우리. 하루는 돈이 넉넉하지 않아 늘 신경을 쓰던 내 마음을 걱정했던 너는, 내가 좋아하는 김밥을 직접 만들어서 가져왔지. 그 수줍은 미소를 나는 아직 기억해. 그런 표정 어떻게 하면 지을 수 있는 거니.

그래, 아무튼. 그때 너는 내게 물었지. "나 김밥 처음 만들었는데, 맛이 없으면 어쩌지? 오빠, 맛이 별로면 먹지 마라, 난 괜찮으니까. 억지로 먹는 모습은 보고 싶지 않아." 걱정스러운 표정으로 말하는 너를 바라보며 나는 이렇게 답했지.

"김밥 재료를 하나하나 마트에서 고르고, 어떤 재료는 다듬고 혹은 볶거나 부쳐서 정성껏 준비했겠지. 또 김밥을 말면서 얼마나 먹어봤겠어. 이게 맛이 있을까. 뭐가 부족한 건 아닐까. 고민도 참 많이 했겠지. 이렇게 네가 만든 김밥이 내게 왔다는 것은, 너의 시간이 고스란히 내게 온 것과 같은데, 어떻게 맛이 없을 수가 있겠니? 고마워, 내게 있어줘서."

시 없이 어떻게 사랑을 말할 수 있고,
사랑 없이 어떻게 시를 쓸 수 있겠는가.
시는 결코 누구도 침범할 수 없는,
사랑하는 두 사람만의 언어다.

이런 아름다운 시절이 내게도 있었다고,
그 시절 그 공간에 바로 내가 있었다고,
자랑스러운 우리를 남기고 싶었습니다.

당신도 당신의 시절을 여기에 남기세요.
우리 서로 가장 아름다웠던 그 시절,
서로 나누며 살아가기로 해요.

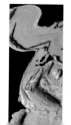

Piece of Hope

50x100cm, Mixed media on Canvas, 2021

우리는 여기에서 무엇이 될까

바람에 스쳐도
간절한 시가 나오는데
하물며 그 바람이 너를 스쳤는데
너를 쓰지 않고 어떻게 견딜 수 있을까.

바람이 너를 스치며 노래를 부른다.
너의 코 그리고 눈,
귀와 볼을 지나며 내는 소리가
내게 닿을 때마다
나는 너만을 연주하기 위해 만들어진
세상에서 가장 섬세한 악기가 된다.

바람만 스쳐도 음악이 되는
어떤 멜로디보다 아름다운 당신,
그래서 자꾸만 보고 싶은 당신.

당신에게 가는 길

당신을 바라보다가
당신을 잃어버렸습니다.
내 사랑 어디에 있나
그렇게 한참을 찾다가
그대 안에 존재하는,
나를 발견합니다.

사랑은 그렇게 영원히
서로를 잃어버리는 일입니다.
당신을 바라보다가
당신을 잃어버렸습니다.

사람들은
이제 다른 길을 찾아보라며,
그만 멈추라고 말합니다.

그러나 당신이여,
검은 머리카락이 하얗게 변해도
세월이 바람처럼 무심히 흘러
서로를 알아볼 수 없게 될지라도
당신이
내가 가야할 길이라면,
세상에 결코 늦은 때란 없습니다.

Piece of Hope
131x163cm, Mixed media on Canvas, 2021

이별과 슬픔은
그저 작은 숫자일 뿐이다

사랑하라, 몇 번의 이별과 슬픔도
인생에서는 작은 숫자일 뿐이니까.

사랑하라, 죽을 것 같은 고통도
인생에서는 결국 지나가는 바람일 뿐이니까.

숨이 턱턱 막히는 그리움도
결국에는 구름처럼 아득히 사라지고
죽고 싶을 정도로 아팠던 이별도
결국에는 바람처럼 스치며 사라지더라.

당신의 꿈은 지금도 자신을 잘 키우고 있다.
다만 "내가 잘 되고 있는 걸까?"라며,
당신이 자신을 의심하는 동안에만
꿈도 멈춰 자신을 의심한다.
그러니 걱정하지 말자.
당신만 믿으면 된다.
꿈은 지금도 이루어지고 있다.

세상에
너무 늦은 사랑은 없습니다

사랑에 빠진 여신의
깊은 바다와 같은 미소를
당신이 내게 보낼 때마다,
나는 자꾸만
대담해지려는 나를 느낍니다.

내가 알고 있는 모든 존재 중
가장 자랑스러운 당신,
내가 만난 모든 사람 중
가장 나를 행복하게 만드는 당신,
나이가 아무리 들어도
사랑은 막을 수는 없다는 사실을
내게 처음 알려준 나의 당신.

넌 참 좋겠다.
네 얼굴 맨날 볼 수 있어서

당신이라는 빛나는 행운과 나의 행복이 만나 우리는 태양처럼 뜨거운 사랑을 나누었습니다. 그런데 어찌 이별이 아프지 않을 수 있겠습니까. 그 뜨거웠던 열기에 움푹 파인 흔적을 어찌 감추고 살 수 있겠습니까.

당신이 있어 내가 살 수 있었던 그 날을 다시 기억합니다. 이제 울지 않겠습니다. 너무 아프다고 매달리지도 않을 겁니다. 사랑이 떠나는 자리는 아픈 게 당연하니까요.

그대가 내게 처음 사랑을 고백하던 날, "사랑해."라는 그 소리만큼 우리의 사랑도 참 짧았다는 생각이 들었습니다. 사랑은 그렇게 사랑한다는 한마디 소리처럼, 잠시 우리를 스치고 지나갔습니다.

스친 것들은 참 우리를 아프게 합니다. 얼마나 간절했으면 그냥 지나치지 못하고 자꾸만 그렇게 스쳤을까요. 내 뺨을 스치는 바람도, 내 두 손을 스치는 이 바람도 온통 그대인 것 같아 눈물이 납니다.

다시 서로 손을 맞잡고, 뺨을 맞대고 싶다는 말인 것 같아, 스치는 바람을 도저히 스치게 놔둘 수가 없습니다. 그리운 마음 간신히 진정하고 바람을 짚어가며 당신을 느낍니다.

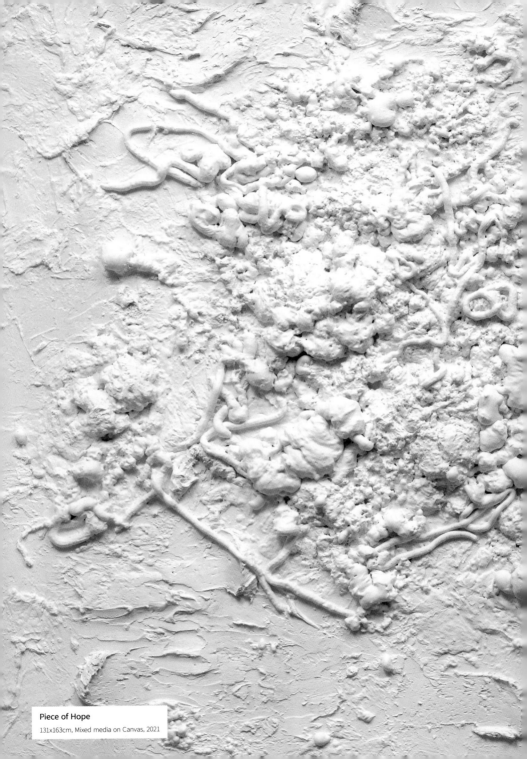

Piece of Hope
131x163cm, Mixed media on Canvas, 2021

127

6

저 사람을
봐

Paradise

150x150, acrylic on canvas, 2018

내게 가장 자랑스러운 사람

보통의 경우 여러 사람이 있을 때 우리는 자신의 것을 지키려고 한다. 눈에 보이는 돈과 물건, 눈에 보이지 않는 권력과 지위 역시 마찬가지다. 그걸 지키려고 더욱 경쟁하고, 애쓰며 살고 있는 거라고 말할 수도 있으니까. 그러나 단 한 순간만은 다르다. 사랑에 빠졌을 때다. 사랑할 때 우리는 상대가 다른 이의 것이 아닌 자신의 것을 가져가주기를 바란다. 사랑은 그렇게 자신에게 빠진 사람의 일상을 완전히 바꿔놓는다. 죽어도 빼앗기지 않으려고 지켰던 벽을 스스로 허물어, 세상에 오직 단 한 사람 그에게만 출입을 허락하게 되니까.

그에게 다 주고 싶은 마음,
나의 것을 모조리 전하고 싶은 마음,
내 것을 주고도 기뻐할 수 있는 유일한 감정.

사랑할 때 내 손은,
내 손을 만질 틈도 없었지.
너와 맞잡은 손이
내게는 무엇보다 소중했으니까.
당신, 가장 자랑스러운 사람.

돌아갈 수 없는
나날들

아, 누가 돌려주랴.
그 아름다운 날
그 첫사랑의 날을,
나만 있으면 충분하다던
너의 그 달콤한 거짓말을
누가 다시 내게 속삭여줄까.

아, 누가 돌려주랴.
그 아름다운 시절의
그 사랑스러운 기억을,
두 눈을 반짝이며
서로를 원하던 그 순간을
어디에서 다시 느낄 수 있나.

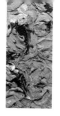

쓸쓸히 나는 이 상처를 키우며
끊임없이 되살아나는 슬픔에
잃어버린 행복을 슬퍼하고 있나니,
상처마저 없다면
슬픔마저 내게 없다면
나는 너를 어떻게 기억할 수 있나.

아, 누가 돌려주랴.
너와 내가 치열하게 사랑한
그 아름다운 나날,
돌아보면 눈물만 흐르는
숭고한 첫사랑
그 즐거운 순간을.

괴테+김종원

저 사람을 봐

저 사람을 봐.
정말 아름답지 않니?
내가 사랑했던 사람이야.

저 사람을 좀 봐.
정말 마음도 예쁠 것 같지 않니?
한때 저 마음,
내가 가졌었던 사람이야.

저기 저 사람을 좀 봐.
정말 건강하게 아름답지 않니?
한때 저 사람 건강,
내가 책임졌던 사람이야.

저기 저 사람을 좀 봐.
사랑하지 않고는 버티기 힘들 만큼
정말 눈부시게 사랑스럽지 않니?
내가 바로,
저렇게 사랑스러운 사람과
헤어진 사람이야.

여기 나를 좀 봐
정말 우습지 않니?
그래도 한때는
정말, 행복했던 사람이야.

5월의 햇살,
나의 당신에게

도무지 앞이 보이지 않아
어둠 속을 더듬는 내 손
따뜻한 체온으로 감싸준 이가
당신이었나요.

얼어붙은 돌다리에서 미끄러질 때
내 아픔 그 따스한 마음으로
나누어 마시던 이가
당신이었나요.

길이 없는 곳 앞에서 지쳐갈 때
내 구부린 등허리를 펴주며
살아갈 길을 알려준 이가
정말 당신이었나요.

그렇다면,
지금 나에게 헤어짐을 고하는 이가
정말 당신인가요.
내 마음 갈피갈피 찢어 놓고 떠나는 이가
정말 당신이 맞나요.

어둠 속에서
손을 내밀어 준 당신,
막다른 길목에서
나의 길이 되어 준 당신,
지독한 겨울 속에서
나만의 5월의 햇살이었던 당신.

사랑은 언제나 떠날 수도 있다는
그 사실을 믿지 않게 해주던 당신이,
정말 나를 떠나는 게 맞나요.
내 두 눈에 보이는 등이
당신, 맞나요.

슬픔이 슬퍼할 겨를 없고
아픔이 아파할 겨를 없는
지금 이 계절이,
햇살의 마찰로
그리움만을 만들어 내는
이 계절이 정말,
5월 맞나요.

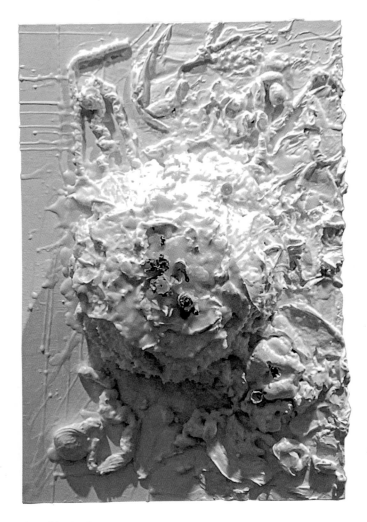

Just a Cake_Angel

70x50cm, Mixed media on Canvas, Speaker, 2021

당신이라는
얼음

이별은 왜 하필 당신을 얼음으로 만들었나.
따스한 마음을 받을 수도
따스한 마음을 줄 수도 없어
그 어디로도 움직일 수 없는,
그래서 이별이 가두어 놓은
추억이라는 공간에만 존재하는
내 사랑 당신은 왜 얼음이 되었나.

나는 너를 만나면 안 된다.
그 사실을 정말 잘 알고 있다.
하지만 나는 너를 꼭 만나야 한다.
그래도 너와의 추억 앞에 서면
아니 오직 네 앞에서만
나는 그나마 숨을 쉴 수도,
움직일 수도 있으니까.
그나마.

Piece of Hope

50x50cm, Mixed media on Canvas, 2021

이럴 줄 알았더라면

이럴 줄 알았더라면
당신을 사랑할 때,
빠져나갈 작은 틈이라도
만들어 놓을 걸 그랬습니다.
그랬다면 헤어진 지금
당신의 기억에서
이렇게 방황하지 않고
수월하게 빠져나올 수 있었을 텐데.

이럴 줄 알았더라면
당신의 연인으로
태어나지 말 걸 그랬습니다.
그냥 당신이 좋아하는 물건으로 태어나
편하게 당신의 기호를 만족시키며
그걸로 만족하고
사랑만 받을 걸 그랬습니다.
그랬다면 헤어진 지금
당신이라는 인연의 끈에서
자유로워질 수 있을 텐데
편해질 수 있을 텐데.

이럴 줄 알았더라면
다른 사람을 사랑할 걸 그랬습니다.
다른 사람을 사랑하며
내 앞을 지나가는 당신의 모습을
그저 풍경을 바라보듯 스쳐보며
저 사람 참 아름답구나.
정말 사랑스러운 사람이구나,
그 생각만으로 만족할 걸 그랬습니다.
그랬다면 지금 당신이
다른 사람과 걷는 모습을 보며
이렇게 가슴이 찢어지지는 않았을 텐데.

눈만 뜨면 생각나는 사람
눈을 감으면 내 안에서 나를 깨우는 사람
처음 봤을 때부터
왠지 평생 잊지 못할 것 같았던 사람,
이럴 줄 알았더라면
정말,
이럴 줄 알았더라면
차라리 당신을,
사랑하지 말 걸 그랬습니다.

오래전에 쓴 시를 다시 꺼내 읽으면
늘 부끄럽고 자꾸 수정하게 됩니다.
그런데 참 이상하게도
당신과 헤어진 후,
다시 이 시를 꺼내 읽으며
20년 동안이나 수정할 부분을 찾았지만
결국 단 한 줄도 수정하지 못했습니다.
마음으로 쓴 시라서 그런 것 같습니다.
마음은 고치는 게 아니니까요.
여전히 참 당신이 고맙고 사랑합니다.

세상에서 가장 슬픈
가위바위보

가위바위보를 하다가
서로 같이 보를 낼 확률이
그다지 낮은 것도 아닌데,
우린 서로의 손바닥을 바라보며
또 설레는 심장으로 마주 잡으며,
이래서 우리가 운명이라고
얼마나 많은 의미를 부여했는지.

너를 사랑해.
너도 나를 사랑하니,
우리가 키스를 나누기 전,
수없이 나누며 설렜던 말.
그렇게 사랑은 함께 시작했지만
그리움은 서로가 다르구나.

무언가 위로가 필요할 때마다
빗방울처럼 무수하게 쏟아지는 너,
앞이 보이지 않아서 무너질 때마다
안개를 뚫고 휘젓고 다니던 그리운 손길.

이렇게 네가 그리워
너도 내가 그립니,
아니면 그 시절의 내가 그립니.

울기에는 아직
이른 감이 있다고
생각했지

헤어질 때
억지로 눈물을 참고
애써 웃음을 보였지.
그게 좋은 이별이라고
사람들이 말하더라고.

그런데
그게 아직도 생각나더라.
나 괜히 억지로 웃었나봐.
널 여전히 잡고 싶을 정도로
나 울고 싶었는데.

나중에 혼자 우는 게 좋은 이별이라고 생각했지.
이렇게 여전히 널 그리며 살 줄 알았더라면,
네 앞에서 실컷 울어나 볼 것을 그랬지.

착실한
슬픔

끝이 보이지 않는 이 넓은 공원에서
좋아하는 음악을 들으며
한참을 걷다가 무심코 앉았지만,
1년이 지나도
10년이 지나도
언제나 너와 나란히 앉았던 벤치에 앉게 되지.

그렇게 이 수많은 벤치 중에서
유독 너와 앉았던 벤치 하나에만
슬픔은 착실히 쌓여만 가지.

가장 상처가 많은 책을
고르는 이유

온라인에서 책을 구매할 때는 그럴 수 없지만, 오프라인 매장에서 책을 구매할 때 나의 선택은 매우 까다롭다. 이유가 뭘까? 가장 깨끗한 상태의 책을 고르기 위해서? 아니, 오히려 그 반대다. 만약 내가 사려는 책의 재고가 두 권 이상이라면 나는 상처 없이 깨끗한 상태의 책이 아닌, 가장 많이 접히고 상처가 난 책을, 굳이 선택한다. 이유는 간단하다. 멀쩡하고 예쁜 책은 금방 독자의 선택을 받겠지만, 조금이라도 흠이 있는 책은 그게 쉽지 않을 것 같아서. 상처 받은 사람도 책도 모두 안고 싶어서 그렇다.

선택을 받지 못해 구석에서 혼자 애태우다가 결국 반품이 되고, 그렇게 어두운 창고에서 몇 년의 시간을 보낸 후에는 산산이 찢어져 세상에서 사라지게 될 수도 있기 때문이다. 나는 다시 내게 묻는다.
"상처는 입는 것일까, 아니면 받는 것일까?"

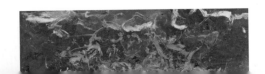

커피가 쏟아져 얼룩이 생기거나, 손톱에 긁히는 등 제어할
수 없는 주변 상황에 의해서 상처를 입는 것은 내가 어찌
할 수 없는 일이지만, 최소한 이미 상처를 입은 존재에게
다시 또 상처를 받게 하는 것만은 하지 않아야 한다고 생
각한다. 상처가 있거나 남들과 다르다고 피하고 무시하면,
그는 더 큰 상처를 받게 되는 거니까.

게다가 아무리 크게 흠집이 난 책도,
나는 껍데기가 아닌 예쁜 글과 숨결을 느끼며
누구보다 감사하는 마음으로 읽을 수 있으니까.
"슬픈 너의 마음, 아팠던 내가 잘 알고 있으니까."

처음에는 다 잊어서,
추억으로 남은 줄로만 알았다.
그런데 그게 아니었다.
아직 하나도 잊지 못해서
추억으로 남은 것이었다.

다시 만날 수 없는 사람은
추억으로 사랑할 수밖에 없으니까.

7

나는 당신에게서
완벽히 잊히기를
바랍니다

변하지 않는 모네의 정원 Unchanging Monet pond
80x116.5cm, acrylic on canvas, 2020

세상에서
가장 느린 기적

70세가 넘은 노부부가 지하철에 탔다.
할아버지는 뭔가 잊었다는 표정으로 이렇게 묻는다.
"여보, 그거 어디에 뒀지?"
그러자 할머니는 당연하다는 표정으로 응수한다.
"그거 저쪽에 놨지."

옆에서 듣던 나는 이런 생각에 혼란스럽다.
"대체 그건 뭐고, 저쪽은 어디를 말하는 거야?"
더 놀라운 사실은 그 신비스러운 대화로
할아버지는 안도하며 표정이 편안해지셨다는 것이다.

눈만 봐도 알게 되는 사이,
아무도 모르는 두 사람의 세계.
50년이 필요한 세상에서 가장 느린 기적이겠지.

수십 번 불행해도
행복 앞에선 작은 숫자다.
수십 번 헤어져도
사랑 앞에선 작은 숫자다.
다른 누군가가 아닌
네가 내게 준 것들이니까.

이별한 날에는
그리움도 죄가 되나니

이별한 사람들은
가끔,
일요일 오후 낮잠을 자다가
약속시간에 늦은 줄 알고
그와 자주 만났던 곳에 갔다가
다시 돌아올 때가 있다.

어디 갔을까.
어디 갔을까.
내 사랑이 어디 갔을까.

습관이
이별을 아직,
인정하지 못하는 때가 있다.

Piece of Hope

50x50cm, Mixed media on Canvas, 2021

딱지

얼마 전에
넘어져서 생긴
다리에 난 상처도,
이젠 딱지가 생겨서
떼어내도 아프지 않은데.

내 마음속에 자리 잡은 너는
언제쯤 떼어내도 되는 거니?
대체 언제쯤이면 고통 없이,
아무렇지도 않게 떼어낼 수 있는 거니?

너,
언제 딱지 질 거니?

때로는
마치 잊은 것처럼
기다렸습니다

온종일 비를 맞고 돌아온 우산이
몸을 접는다고 갑자기,
빗물이 사라지는 건 아니잖아요.

그리움의 무게가 다 같은 건 아니잖아요.
당신이 준 그리움은 너무 무거워서,
도저히 몸을 펼 수 없었죠.

당신이 꼭 돌아올 거라고
잠시만 참고 기다리기도 했고
마치 잊은 것처럼 기다리기도 했죠.

사랑할 때 늘 우린
우산 하나로만 살았죠.
그 좁은 공간에서
봄도 봤고 겨울도 지냈죠.

온몸을 접고,
당신만 추억합니다.

마음대로 쓰러지지도
못하는 사람

선 채로 말라죽은 나무를 보면
꼭 한 번은 품에 안고 지나간다.
옆에 누군가 있다는 사실을
잠깐이라도 알려주고 싶어서.
서럽게 외로운 날에는
그런 온기마저 기적이니까.

말라죽어가는 동안
너 얼마나 힘들었을까.
대체 누가 그렇게 그리워서,
너 편히 쉬지 못하고 기다리니.
"서서히 무너지는 사람은
마음대로 쓰러지지도 못한다."

나는 어디쯤에 있을까 (가을)
91x72.5cm, Acrylic on canvas, 2020

혹
당신인가

늦은 밤
바람은 부는데
괜히, 영 잠이 안 온다.
너 없는 삶이 지루해서 그런지도 모른다.

사랑과 이별의 틈바구니 같은
애절한 곳에서 눈 내리는 소리가 들린다.
혹 당신인가
누군가 고요함 밤의 언덕을 오르고 있다.

당신…이 그립다고 말하고 싶다.
당신을 만나려고 내가 아직껏
이 지루한 공간에 남아 있다고.
수많은 상처를 웃고 견디며
아직도 여기에서 걷고 있다고 말하고 싶다.

혹 당신인가?
당신…이 그립다고 말하고 싶다.

슬픔범벅

양파를 냉장고에 넣어둔 채
한동안 그 사실을 잊어버렸다.

잊힌 동안
양파는 서로 살을 맞대고
서로를 견뎌내느라,
진물이 흐르고 있었다.
썩어가고 있었다.

양파 껍질을 하나하나 떼어 낸다.
썩었다고 떼어내고
짓물렀다고 떼어내고
떼어내고, 또 떼어내도
서로 겪은 상처가
너무나 크다.

두 눈을 감고
그날의 우리를 생각한다.
끝이 날 때까지 상처를 떼어 낸다.
양파는 이제 아무것도 남지 않았다.
저절로 눈물이 흐른다.
단지 양파가 너무나 매울 뿐이라고
그래서 눈물이 나오는 거라고
정말 그럴 뿐이라고 나를 위로한다.

너무 사랑하면 이별도 너무 아프다.
결국 서로의 기억을
양파 껍질을 모두 벗겨내듯
다 버려야만, 그나마 살 수 있다.

사랑할 땐 모든 것이 소중했는데,
헤어지니 모두 버려야 할 껍질이었다.
이제 내 손에는
남은 것이 하나도 없다.
양손이 진물처럼
슬픔으로 범벅이 되어 있을 뿐.

여름날의 꿈
45.5x38cm, Acrylic on canvas, 2020

나 죽기 전에
당신 가슴에 안겨보고 싶어

과거의 일들이 현재로 와서
사실 이상의 아름다운
추억으로 기억되는
그래, 그즈음에
고된 추억을 가지고
하늘로 돌아갈 그즈음에
나 당신 가슴에 한번 안겨보고 싶어.

영영 오지 않을 것 같았던 그날이 오면
나 당신 무릎에 얼굴을 기대고 이렇게 말할 거야.
당신은 나를 떠났었지만
난 당신이 나를 떠난 이후에도
당신 곁에 머물 수밖에 없었지.
헤어진 후에도 어떻게든
죽기 전에 당신과 나 사이가
우연으로 다시 펼쳐질 거라고 믿었으니까.
그날이 오면,
가슴 뻐근한 전율을 느끼리라.
정말 바보 같이 그래서 잊을 수가 없었지.

나 죽기 전에 당신 가슴에 안겨 보고 싶어.
다만 당신이라는
한 사람의 관객에게만 들키고 싶어서,
누르고 밟아도 잠재우지 못하는
공들인 그리움의 향기를
오직 당신에게만 들키고 싶어서,
그리움이라는 통증을 참으며
이렇게 억지로라도 살고 있었다고,
눈물을 참으며 꼭 말하고 싶어.

죽기 전에 네 가슴에 안겨서
네 향기를 맡으며 말하고 싶어.
내가 가진 모든 것 다 잃어도
너만 얻으면 너만 만나면
다 되는 줄 알았다고,
네가 오는 길
너를 만나는 길이
이 골목만 지나면 있는 줄 알고
바보처럼 혼자 너무 오랫동안 방황했다고,
너에게 꼭 말하고 싶어.

그리고 마지막으로
한마디만 더 할 수 있다면,
이렇게 바보 같은 나라도 괜찮다면
이제 얼마 남지 않은 시간이지만
나와 함께 바보처럼,
살아보지는 않겠냐고 묻고 싶어.

나, 이제 그만 당신에게
잡히고 싶어.
내 사랑과 그리움,
이제 꼭 너에게 들키고 싶어.

헛사랑

혼자 달리다
혼자 서성거리다
나처럼 혼자 서성이는
너를 만났다.

외로움의 심부름이라는 사실,
나는 꿈에도 몰랐네.
그저 사랑을 실어 나르고
희망을 밀어 넣으면
이런 게 행복이다 생각하며
혼자 달리다 너를 만나 멈췄다.

결국 이 모든 것이
다른 사람의 심부름인 줄
꿈에도 모른 채
지금껏
참 오랫동안
헛사랑을 했다.

그저 외로워서 날 만난 너를,
나는 너무나 사랑해서 만났다.
한평생 헛사랑만 하다가 끝났다.

Whisper, "나는 오늘 시냇물 소리를 들으며 바위에 앉아 있었다"
95x81cm, Acrylic on canvas, 2018

일생을 한 사람을 위해
애태우는 사람이 있다

날이 따스해지고 때가 되면
언제나 아름답게 피어나는 꽃처럼,
슬퍼해야 할 일이 마땅히 슬퍼하고
미안한 일에 진실로 사과할 줄 아는
그런 꽃 같은 사람 만나고 싶다.

파도가 밀려와 해변을 스치면
언제나 조금씩 밀려나는 백사장처럼,
물러나야 할 때 버티지 않고
고개 숙여야 할 때
미안한 마음 전할 줄 아는
그런 백사장 같은 사람 만나고 싶다.

그러나 꽃이 저절로 피어나지 않고
백사장이 쉽게 밀려나는 게 아닌 것처럼,
우리에게는 사과할 수 있는 용기와
슬픈 일에 울 수 있는 마음이 필요하다.
행복과 성공이 우리에게 좋은 옷을 줄 순 있지만,
마음을 씻겨주는 것은 눈물 한 방울이니까.

비누로 더러운 몸은 씻을 수 있지만
우리들 마음은 씻을 수 없다.
오직 누군가를 위해 흘린
한 방울의 눈물만이,
우리의 더러워진 마음을 씻겨준다.

사랑은 누군가를 위한 게 아니다.
바로 자신을 위한 것이다.
사랑이 흘린 눈물로
우리의 영혼은 맑아지나니,
사랑하고 아파서 우리는 조금 더 성장한다.

이제는 보이지도 않는 그 누군가의 흔적을
조용히 바라보며 서 있는 사람의 모습은
흔들리지 않는 굳센 나무와 닮았다.

사랑이 뭐기에
그리움이 뭐기에,
지금도 세상 어디에선가
누군가를 간절하게 그리며
나무가 된 사람이 있다.

바람에 흔들리지 않고
그가 떠난 곳을 바라보기 위해,
헤어진 그 자리에 뿌리를 굳게 내리고
움직일 수도 없는 삶을 사는 사람이 있다.

마음 애태우다가, 일생을
한 사람을 위해 태우는 사람이 있다.

우리 사랑의
의미

당신과 헤어지고 내겐
자주 들리는 공원이 하나 생겼어.
하루는 공원 벤치에 앉아 하늘을 보다가
문득 이런 생각을 해봤어.
아마 이 공원에 찾아오는 사람 중
하루에 100명 정도는
내가 앉았던 벤치에 앉았겠지.

그런데 그 사실이 왜 이렇게 슬플까?
이제 우리 사이는
내가 잠시 앉아 하늘을 바라본 벤치,
거기에 앉았던 100명의 사람들보다
너무나도 쉬운 인연이라는 것을,
같은 벤치에 나란히 앉는 것은 상상도 할 수 없고
내가 앉았던 곳에 네가 우연히 앉는 것조차
기대할 수 없는 사이가 되었다는 사실을
나는 아직도 믿을 수가 없어.

그걸 인정할 수 없어서 일어난 거리,
집으로 돌아가기 위해 올라간 육교에서
나는 다시 우리의 의미를 생각하게 되었어.
1분만 이대로 서 있어도
조금의 인연도 없는 수많은 사람을 스치지만,
같은 시간에 함께 육교를 건너는
이 수많은 사람들 중에 너 하나만 없지.

이 세상 어디를 가도
그 안에 나는 있지만,
그 안에 너는 없지.
혹시 그 안에 네가 있을 땐,
또 거짓말처럼 내가 없겠지.
아니, 나는 없어야만 하지.

그저 우리의 의미는
같은 하늘 아래에 살고 있다는 것
그 이상은 아닌 거니까.
이제 우리는 서로에게 없는 거지.
그 어느 곳에서도 모르는 사람이지.

네가 아직 내게
흐르고 있어

"너희 집 근처 지나고 있어.
제발 연락 좀 해줘."
하루는 내게 이런 문자를 보냈지.
헤어지고 아마 1년이나 지난 시점이었을 거야.
나는 연락하고 싶은 마음 겨우 참아내고,
다시 눈을 감고 너를 애써 지웠지.

그런데 혹시 너 알고 있을까?
네가 1년 만에 내게 문자를 보낸 그 순간,
내가 너에게 가장 자주 들려주던 그 음악 들으며
나도 네 생각에 잠겨 있었다는 사실을.
그래서 더욱 연락하고 싶은 마음 참기 힘들었어.

"이것 봐, 역시 우리는 인연이야.
네가 내 생각을 하며 문자를 보낸 순간,
나도 네 생각에 잠겨 음악을 듣고 있었으니까."
이 말 너에게 전하고 꼭 하고 싶어서
어쩌면 다시 시작할 수 있는 게 아닐까
생각하고 멈추고 또 생각하느라,
나 얼마나 힘들었는지 너는 모를 거야.

잠에서 뒤척이다가 깨어난
이른 새벽부터
생각이 나는 사람이 있어.
아주 잠시만 깨어나도
무의식적으로 내게 찾아와,
마치 자기 마음인 것처럼
내 안에 자리 잡는 너.

멈추지 않는 이 음악처럼,
내 안에 아직 네가 흐르고 있어.

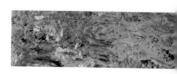

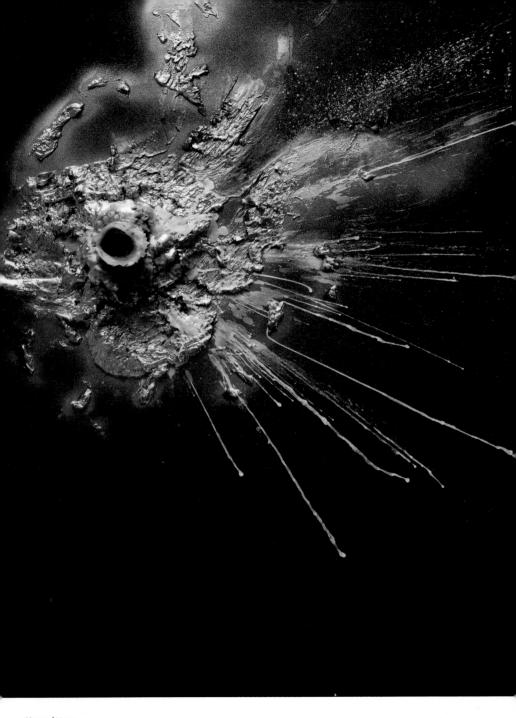

Piece of Hope

117x91cm, Mixed media on Canvas, 2021

나는 당신에게서
완벽히 잊히기를 바랍니다

나는 나라는 존재가 서서히 사람들 기억에서 잊히기를 바라며, 더욱 열심히 글을 쓰고 있다. 그게 대체 무슨 말이냐고? 과거부터 지금까지 내게 시와 글을 써달라고 부탁하는 사람들은 대개 이별을 했거나 슬픈 일을 겪고 있는 중이었다. 그 힘든 마음을 글로 치유하며 상처 입은 내면을 회복하는 과정 동안 우리는 함께 있었다.

나는 그에게 영혼과 마음으로 쓴 글을 주었고, 그 글로 그의 슬픔은 조금씩 사라졌다. 그렇게 자신을 괴롭히던 것들이 사라지자 그들은 나를 조금씩 잊기 시작했다. 영영 돌아오지 않을 거라고 생각했다. 그러나 그러다가 다시 이별의 슬픔과 실패의 고통을 겪게 되면, 그들은 다시 나를 찾아와 내가 쓴 글이라는 공간 안에서 함께 지냈다. 그 안에서 우리는 참 행복했다.

그러나 나는 당신이 나를 완전히 잊기를 바란다. 그건 당신이 슬픔과 실패를 겪지 않고, 평생 행복하게 살고 있다는 증거이니까. 그러니 다시는 돌아오지 말라. 늘 거기에서 행복하게 살기를 바란다. 오늘도 나는 더욱 열심히 사색하며 진심을 담아 글을 쓴다. 내 글이 당신에게 분명한 힘이 되어 주기를 바라니까. 그리고 그 힘이 당신에게 영원한 행복을 줄 수 있기를 간절히 바란다.

'당신에게 완벽하게 잊히기 위해서.'

지금까지 내가 사랑하고
또 내게 열렬한 사랑을 주었던,
모든 잊힌 얼굴을 기억한다.
결국 가장 사랑했던 사람이
가장 멀리 떠난다.
그렇지만 나는 결코,
그 시간과 그를 원망하지 않는다.

그가 나를 떠났다는 것은
이제 나 없이도 살아갈 힘을
내면에 채웠다는 멋진 증거이니까.
내 사랑이 없이도
자신을 사랑할 수 있게 되었다는
아름다운 소식이니까.

그가 나를 아예 잊었다는 소식을
나는 기쁘게 듣고 웃는다.
너는 없지만 허공에 대고 속삭인다.
"참, 다행이다."

나는 오늘도 너에게,
잊히기 위해 사랑한다.
오늘도 내 손은 온종일
"너를 사랑한다."라고 적는다.
너에게 깨끗하게 잊히기 위해.

우리는 잊히게 위해서 만나고
사라지기 위해서 태어난다.
잊히지 않으려는 모든 시도는
만났던 기쁨마저 사라지게 만든다.

네가 꽃을 까맣게 잊어도
봄은 오고 꽃은 핀다.
그러니 아무런 걱정도 하지 말고
잘 잊히고 행복하게 사라져라.

함께 있는 마음 – 우리는 세상에 없는 계절이다

살다보면 타인의 잘못이나 결점을 정말 잘 발견해내는 사람이
있죠. 그러나 그건 어떤 사실을 의미하는 걸까요. 그 잘못을
자신도 언젠가 저지른 적이 있고, 그 결점이 자기 안에도 있다는
증거입니다. 모르는 것을 알아차리고 발견할 수는 없기 때문이
죠. 그래서 각종 분야에서 상담이나 코칭을 하는 사람들은 그
분야의 전문가이기도 하지만, 그 일로 가장 아팠던 사람이기도
합니다.

나는 이 글을 읽는 모든 당신을 정말 오랫동안 생각했습니다.
당신만의 전문가가 되고 싶었기 때문입니다. 당신이 무엇을 좋
아하는지, 길을 걸을 땐 내 우측에 서는 것을 좋아하는지 아니
면 좌측에 서고 싶어 하는지, 아주 사소한 것 하나까지도 나는
알고 싶었습니다. 그래야 당신을 더 깊이 이해하고 사랑할 수

있으니까요. 내가 사랑하고 나를 사랑하는 것들은 언제나 나를 가장 아프게 만들지만, 그로 인해서 우리는 이 험한 세상에 의지할 기둥을 하나 세우며 살 수 있게 됩니다. 그렇습니다. 그렇게 치열하게 사랑했던 것들은 우리 삶의 든든한 기둥이 되어 다시 생명을 얻죠.

사람이 풍경이 될 때가 있습니다. 참 아름다운 순간이죠. 그대, 여기 제 옆에 서세요. 제가 그대의 풍경이 되어 늘 그대를 빛내며 살겠습니다. 그리고 기억해주세요.

"우리는 세상에 없는 계절입니다.
서로에게서만 피어나는 꽃이니까요."